Le pouvoir de la pédale

DU MÊME AUTEUR

LES TRANSPORTS, LA PLANÈTE ET LE CITOYEN,
En finir avec la galère, découvrir la mobilité durable
(avec Ludovic Bu et Marc Fontanès), Rue de l'échiquier, 2010.

LA TENTATION DU BITUME, Où s'arrêtera l'étalement urbain ?
(avec Eric Hamelin), Rue de l'échiquier, 2012.

COMMENT LA FRANCE A TUÉ SES VILLES, Rue de l'échiquier, 2017 [2016].

Les textes qui concluent cet ouvrage – « La transition cyclable sous Macron » et « Strasbourg, Grenoble, Bordeaux et les autres » – ont été initialement publiés dans la lettre professionnelle *Mobilettre* en 2017.

Sauf mention contraire en note, toutes les citations contenues dans le livre sont issues d'entretiens avec l'auteur.

Photo de couverture : Lucien Hervé

l'écopoche est une marque
des éditions Rue de **l'échiquier**

12, rue du Moulin-Joly,
75011 Paris
www.ruedelechiquier.net
ISBN : 978-2-37425-112-7
Dépôt légal : mars 2018

Olivier
Razemon

Le pouvoir de la pédale

Comment le vélo transforme nos sociétés cabossées

Édition revue et enrichie

l'écopoche

Prologue

« Mon corps m'appartient ! » Malgré le brouhaha général et la mauvaise insonorisation, le cri est suffisamment tonitruant pour que les conversations s'interrompent immédiatement. Tout le monde se tourne vers le quinquagénaire joufflu aux cheveux gris, blazer marine, chemisette rose et cravate canari, qui vient d'éructer. L'homme, un cousin par alliance de la mariée, ne ressemble pas vraiment à ces féministes scandalisés par le refus de certains médecins de pratiquer l'avortement. Le voici qui s'énerve de nouveau. « Jamais vous ne me ferez monter sur un vélo, jamais, vous m'entendez ! Je fais ce que je veux de mon corps », s'étrangle, dans un étrange silence, le quidam rouge de colère.

Le repas de noces avait pourtant bien commencé. Autour des médaillons de foie gras à l'échalote confite, on parlait des petits tracas de la route de tous les jours, des nouveaux radars, de la grève des bus de l'an dernier, des difficultés de stationnement, de l'augmentation du diesel. La routine, quoi. Les convives, qui se connaissaient mal, avaient arbitré entre les deux méthodes infaillibles qui servent en société à briser la glace sans briser les tabous : parler du temps qu'il fait ou divaguer sur les transports quotidiens. Comme il faisait beau, mais sans canicule, ils avaient choisi la deuxième option.

Tout se passait bien jusqu'à ce qu'une jeune femme habillée d'une robe vert pomme, une amie du frère du marié, raconte ses trajets quotidiens, sur son vélo. Le débat s'était alors focalisé sur ce moyen de transport et la conversation avait perdu son caractère anodin. Les arguments avaient été soupesés. Le ton était monté. Les anathèmes avaient fleuri, en même temps que les stéréotypes. Les convives s'étaient surpris à révéler, si tôt dans la soirée, leurs opinions politiques. Certains en étaient même venus à parler d'argent. Jusqu'au coup d'éclat du cousin à cravate jaune. Il a cassé l'ambiance, maintenant. Ses mollets lui appartiennent. Soit. Personne ne s'arroge le droit de le contester, désormais. Les noceurs ont battu en retraite. D'un commun accord et avec un soulagement perceptible à la table des époux, d'où un témoin avait suivi l'affaire de près, on abandonne le sujet vélo et on se met à parler du mariage gay.

Lorsqu'on présente, dans un discours, une conversation ou un écrit, la bicyclette comme un moyen de transport amené à se développer, on se heurte parfois à de vives réactions. Chacun se sent directement concerné, interroge ses habitudes, tente de se justifier. Il est alors facile de renvoyer le vélo à l'image de son choix, dégradante, marginale ou restrictive : véhicule du pauvre, instrument difficile à manier ou talisman écologique pour bourgeois rêveur.

Il s'agit pourtant d'un moyen de locomotion rapide, fiable, bon marché, sain, peu consommateur d'espace, économe en énergie et non polluant. Pour les distances comprises entre 500 mètres et 10 kilomètres, il constitue généralement le mode de déplacement le plus efficace, le plus bénéfique pour l'économie locale et souvent le plus agréable. Depuis quelques années, de nombreux usagers, ainsi que certains décideurs, politiques, économiques ou médiatiques, semblent avoir pris conscience de ces atouts innombrables.

Mais dans les sociétés européennes, entièrement pensées pour les déplacements automobiles, ce constat, tout simple, est plus ou moins fortement réfuté, voire nié. Au fond, tant que le vélo ne dérangeait pas les habitudes, on était plutôt pour. En revanche, quand on est confronté à l'idée qu'il pourrait remplacer, pour de courts trajets, les transports motorisés, les bonnes intentions se dégonflent. Cette capacité abrasive, comme les atouts cités plus haut, témoignent du formidable pouvoir de la pédale.

Chapitre 1
LE DÉBUT D'UN CYCLE

De nos jours, le vélo est un objet répandu. On ne cesse de célébrer son retour en ville. Mais si la bicyclette est revenue à la mode dans de nombreuses métropoles européennes, cette tendance ne s'observe pas partout. Confronté à la rude concurrence des voitures et autres scooters, l'objet demeure un moyen de transport marginal. Bien moins courant, en tout cas, qu'il ne l'était au début du XXe siècle. Et pourtant, à cette époque-là, les bicyclettes étaient des objets bien plus lourds et incommodes qu'aujourd'hui. Les selles n'étaient pas aussi confortables, les guidons plus rustiques, le dérailleur rare, l'éclairage moins aisé à actionner. Et la voirie, faite de pavés ou de terre battue, se prêtait beaucoup moins qu'aujourd'hui au plaisir de pédaler.

BRÈVE HISTOIRE DE LA « MACHINE À COURIR »

Le vélo est le fruit de plusieurs paradoxes : c'est un objet facile à utiliser mais relativement complexe à fabriquer. Presque tout le monde a appris sans difficulté à pédaler, un geste dont on se souvient toute la vie. Mais la bicyclette compte plusieurs centaines de pièces et cache de délicats mécanismes.

Des débuts mouvementés

Sa première apparition remonte au début du XIXe siècle, un peu plus tard que l'automobile, dont les premiers prototypes à vapeur datent de la fin du XVIIIe siècle, et un peu avant l'avion. On peut d'ailleurs s'étonner que l'objet n'ait pas été inventé plus tôt. La roue était déjà connue au quatrième millénaire avant notre ère, en Mésopotamie, mais personne n'avait jusque-là conçu un objet comportant deux roues, l'une placée devant l'autre, en envisageant qu'il puisse tenir debout, en tout cas lorsqu'il avance à une certaine vitesse[1].

On doit le premier deux-roues au jeune baron Karl Drais von Sauerbronn, un érudit un peu fou ayant étudié les mathématiques, la physique et l'architecture. Cet inventeur, natif de Karlsruhe, imagine plusieurs appareils qui passeront plus ou moins à la postérité. En 1817, il met au point une « machine à courir » (*Laufmaschine*) composée de deux roues, d'une selle et d'une forme de guidon. Tout y est, sauf les pédales. L'ensemble est en bois. Il faut se poser à califourchon sur la machine et progresser en marchant. L'objet ne ressemble alors à rien de connu. Pour se déplacer, à l'époque, on utilise principalement le cheval ou ses pieds.

La « machine à courir » porte bien son nom : les roues permettent d'accélérer la marche à pied. Pour prouver l'efficacité

[1] Remarque faite à l'auteur par le militant cycliste Olivier Schneider, le 15 septembre 2013. Ce livre lui doit bien d'autres précisions.

de sa trouvaille, Karl Drais effectue une démonstration. Le 12 juin 1817, il se rend de Mannheim à un relais de poste du pays de Bade, parcourant 14 kilomètres sur son engin, à une vitesse qui dépasse celle d'une personne à pied. La « draisienne », baptisée d'après son inventeur, est née. Le jeune baron exporte un brevet vers la France, dès 1818, sous le nom de « vélocipède », un néologisme qu'il construit à partir des mots latins signifiant « pied » et « rapide ». Le vélo contemporain a gardé un air de parenté avec la « machine à courir » du baron Drais. Il permet de se déplacer à pied... mais plus vite, comme l'explique le consultant Georges Amar[2]. Grâce à la roue, l'une des machines les plus simples qui soit, le rapport entre énergie fournie et distance parcourue dépasse celui de tous les autres moyens de transport[3]. En d'autres termes, on va assez vite pour un effort limité.

De quoi « vélo » est-il le nom ?

En français, le vélo est l'apocope de « véloce », très usité à la fin du XIXe siècle. Ce terme, lui-même abrégé de « vélocipède », doit son nom à la vitesse, velocitas *en latin. Ce* vélo, *anagramme de love, lové dans « développement » et le début d'« évolution », circule dans le monde francophone, mais aussi en Suisse alémanique. En letton, on dit* velosipēds *et en bulgare ou en russe* velosiped. *Pour nommer la chose, d'autres langues utilisent le mot « roue », ou ses dérivés. C'est le cas en allemand,* Fahrrad *(la roue qui avance), abrégé* Rad *dans la vie courante, en lituanien,* dviratis *(deux roues), en finnois,* polkupyörä

[2] Lors de la conférence « Concevoir, développer, réenchanter la marche en ville », Versailles, 12 décembre 2012.

[3] « Le vélo met en jeu une énergie par passager/kilomètre quasiment imbattable » explique le spécialiste de l'énergie Jean-Marc Jancovici, dans *Changer le monde, tout un programme*, éditions Calmann-Lévy, 2011.

(la roue sur le sentier), ou encore kolo *en tchèque ou en slovène. De nombreuses langues désignent l'objet par le mot « cycle », le cercle, du latin* cyclus *et du grec* kyklos : cykeln *en suédois,* cyklen *en danois, ou* sykkel *en norvégien. Le vélo étant composé de deux roues, on l'a baptisé bicycle, ou bicyclette,* bicicleta *en espagnol et en portugais,* bicicletta *en italien,* bicykel *en slovaque et* bicycle *en anglais, le plus souvent abrégé en* bike. *En polonais, on nomme la chose* rower, *comme le fabricant de machines à coudre Rover, inventeur de la chaîne, plus connu pour sa destinée de constructeur automobile. L'origine du mot néerlandais* fiets *(ou* fyts *en frison), utilisé aux Pays-Bas, en Flandre mais aussi informellement dans certaines régions d'Allemagne, comme à Münster, est plus incertaine*[4]. *On relie parfois cette appellation à un fabricant de voitures, E.C. Viets, mais celui-ci semble avoir commencé son activité quelques années après la généralisation du vocable. Peut-être s'agit-il d'une abréviation des mots français « vélocipède » ou « vitesse ». D'autres auteurs affirment que fiets provient de l'allemand* Vize-pferd *(vice-cheval), c'est-à-dire un objet à deux roues, presque aussi rapide que le cheval. En langue dioula, pratiquée au Burkina Faso, les premiers vélos arrivés avec la colonisation, dans les années 1920, ont été baptisés* nèguèso, *ce qui signifie « cheval de fer »*[5]. *En chinois, enfin, le* zixingche *est composé de trois caractères signifiant respectivement « seul », « fonctionner » et « véhicule ». Quelque chose comme « le véhicule qui fonctionne seul ».*

[4] Selon la page Wikipédia en néerlandais consacrée au *fiets*.

[5] http://trousse.cyclonordsud.org/chapitre/l-histoire-du-velo-ici-et-ailleurs/du-tour-du-faso-aux-rues-de-shanghai

La découverte de la pédale

Si la draisienne connaît un succès d'estime, notamment dans la bourgeoisie et l'aristocratie, qui disposent de temps libre, elle n'est pas encore un moyen de transport. L'objet connaît une série impressionnante d'améliorations au cours de la deuxième moitié du siècle : le pédalier, dans les années 1860, le pneu et la jante vers 1875, la chaîne, dans les années 1880, la chambre à air, en 1891. Le « véloce », comme on l'appelle alors, passionne les amateurs de technologie. Les inventions sont souvent fortuites. Ernest Michaux, le fils d'un serrurier parisien, place une pédale, élément utilisé dans les voitures hippomobiles, au bout d'une manivelle, une autre pièce connue depuis des siècles. En cette fin de XIXe siècle, alors que prospère l'industrialisation et que l'automobile connaît, elle aussi, des bouleversements spectaculaires, de nombreux brevets sont déposés, permettant à autant de bricoleurs du dimanche de se targuer d'avoir « inventé » la bicyclette ou l'un de ses accessoires. Apparaissent alors diverses variantes comportant des roues de taille différente, voire disproportionnée, et qui, aujourd'hui, semblent loufoques. Parmi elles, la michaudine, la bicyclette de Lawson ou encore le grand-bicycle. Appelé *penny-farthing* en anglais[6], le grand-bi avance plus vite que la draisienne. La roue dominante permet un important développement, un peu comme le pédalier et la chaîne sur les montures contemporaines. Monté par des gentlemen à redingote et des dames en jupe, l'objet demeure surtout un jeu, même si certains coursiers et messagers en font leur quotidien. Peu pratique, voire carrément casse-gueule, le grand-bi sera vite abandonné mais fera pour toujours partie de l'histoire du vélo. Des passionnés organisent encore, de nos jours, quelques courses spectaculaires.

[6] *Farthing* et *penny* désignaient alors deux pièces de monnaie, valant respectivement 1/240e de livre Sterling et un quart de penny.

Les perfectionnements successifs de la draisienne, venus notamment de l'industrie de la machine à coudre, aboutissent, en 1884, à la *safety bike*, la « bicyclette de sécurité », munie d'une chaîne et d'un pignon, inventée par la société des machines à coudre de Coventry, au Royaume-Uni. Installé à l'aplomb de la roue arrière, et non plus de la roue avant, le cycliste se sent davantage en sécurité. Vers 1890, pourvu de toutes ces inventions, l'objet peut désormais être fabriqué en série, ce qui fait baisser son prix. La machine continue de se perfectionner au début du siècle suivant, quand se généralise le dérailleur.

Petite histoire de la « bécane »

« Bécane » a d'abord désigné une locomotive ; on lit ici et là qu'elle doit son nom au « bécant », un mot d'argot qualifiant un oiseau, dont le sifflement a été comparé à celui d'une machine à vapeur. Après ce passage par l'univers ferroviaire, la bécane a signifié vélo, puis moto, et enfin ordinateur. Dans tous les cas, une bécane est une machine familière et sympathique, qui accompagne l'effort sans rechigner. C'est un compagnon, ou une compagne, « ma bécane », dit-on affectueusement, dont on compare la performance avec celle des autres. La bécane est cet objet féminin que les hommes aiment s'approprier. C'est un truc de bricoleur : on peut passer une après-midi, dans son atelier ou à son bureau, à trifouiller sa bécane, ordinateur ou vélo, pour en améliorer les performances ou l'apparence. Tout cela donne lieu à de fructueux échanges entre aficionados.

Du bourgeois au prolo

La monture séduit dans un premier temps quelques intrépides, qui y voient une façon d'impressionner les badauds. Des bourgeois, amusés, descendent de cheval et se laissent tenter. Dans les deux cas, se mouvoir sur une selle évite de marcher dans la boue ou la poussière, qui composent encore, au début du XXe siècle, l'essentiel du revêtement des routes, à la ville comme à la campagne. Bientôt, dans quelques auberges avant-gardistes, des remises à bicyclettes remplacent les écuries. Les vélodromes attirent les foules. En 1900, le guide touristique Baedeker consacré à « Paris et ses environs » signale à ses lecteurs, dans la catégorie « Spectacles divers, cafés-concerts, bals publics, sports », le développement de « la vélocipédie, maintenant le sport favori de la jeunesse parisienne » et notifie l'existence d'un « impôt de 6 fr. par an et par place sur les cycles ordinaires[7] ». À l'orée du Bois de Boulogne, avenue de la Grande-Armée, s'installent plusieurs boutiques consacrées à ce passe-temps – des locaux rachetés, plus tard, par les constructeurs automobiles.

Dans une société encore corsetée par le patriarcat, les femmes découvrent un moyen simple et rapide de se déplacer. Les fabricants conçoivent bientôt des « bicyclettes pour femmes ». En France, elles acquièrent par la même occasion le droit de... s'habiller comme les hommes. En effet, une circulaire de 1892 autorise le port du pantalon « à condition qu'elles tiennent à la main une bicyclette ou un cheval ».

Au début du XXe siècle, le « vélo », ainsi qu'on l'appelle désormais en France, devient un moyen de transport populaire. Comme l'explique le documentariste Laurent Védrine[8],

[7] Karl Baedeker, *Paris et ses environs*, éditions Ollendorff, Baedeker, Paris, Leipzig, 1900.

[8] Laurent Védrine, *La reine bicyclette - histoire des Français à vélo*, Talweg production, mai 2013.

les courses cyclistes, et en particulier le spectaculaire Tour de France, sponsorisé par un magazine consacré à l'automobile, intéressent « les prolétaires ».

À la même époque, l'objet se fait de plus en plus accessible. L'économiste Frédéric Héran[9] a comparé le prix du vélo, à différentes époques, avec le salaire moyen d'un ouvrier. S'il fallait travailler, à la fin du XIXe siècle, 625 heures pour acquérir une monture, ce chiffre est tombé à 333 en 1910, 62 dans les années 1930 et 21 en 2010. De nos jours, on se procure sur le marché de l'occasion un vélo correct pour environ 5 heures de smic[10]. Au début du XXe siècle, alors que poussent un peu partout les usines et ateliers, les ouvriers découvrent ce moyen de transport robuste, rapide et bon marché. Partout en Europe, on aménage des trottoirs ou des routes en partie recouverts de pavés lisses, ancêtres des actuelles pistes cyclables. On peut en voir quelques traces à Anvers ou dans le Brandebourg, en ex-Allemagne de l'Est. En 1905, la Suisse crée un régiment d'infanterie cycliste, afin d'« économiser les frais de cavalerie », vétérinaire, nourriture, entretien des écuries. Cette unité ne sera dissoute qu'en 2003.

Le vélo allonge les distances, exactement comme l'essor de la voiture, un demi-siècle plus tard, provoquera le début de l'étalement urbain que nous connaissons aujourd'hui. Les images des sorties d'usines prises dans la première moitié du XXe siècle, et jusque dans les années 1960, sont célèbres : des centaines d'hommes sortent ensemble d'un établissement, quitte à provoquer de véritables embouteillages sur la voie publique, comme on a pu en constater à Colombes (Seine). Des images équivalentes ont été observées au Japon dans les années 1950, en Chine

[9] Frédéric Héran, « Vélo et politique globale de déplacements durables », rapport final de recherche, janvier 2012.

[10] Selon Olivier Schneider, déjà cité.

ou en Inde dans les années 1980. Sur tous les continents, le vélo a connu au fond la même destinée. L'objet, d'abord adopté comme moyen de transport des élites, devient le transport du pauvre avant, parfois, de séduire de nouveau le bourgeois.

Un rival au volant

Le vélo subit bientôt les assauts d'un redoutable concurrent. Dès les années 1910 émerge l'automobile, mode de transport individuel, rapide et protégé des intempéries. Véhiculée sans effort, si ce n'est, à ses débuts, celui de tourner la manivelle, l'automobile donne à son heureux propriétaire un sentiment de liberté, de modernité et de luxe, trois attributs qui lui restent aujourd'hui associés. Comme au guidon, les femmes se sentent libres au volant. La ville et le droit s'adaptent aux modèles tout neufs qui sortent des usines fordistes. On vend désormais des bidons d'essence dans les drogueries[11] et on autorise bientôt le stationnement sur la voie publique. En 1921, dans une France encore très rurale, on élabore un corpus de règles pour encadrer et faciliter la circulation automobile : le « code de la route », qui s'applique partout, sur les routes de campagne, effectivement, mais aussi en ville. Le code régit depuis les mouvements de toutes les catégories d'usagers.

Les automobiles, encore plus ou moins réservées, jusqu'à la fin de la Deuxième Guerre mondiale, aux plus aisés, vont s'imposer sur le marché du transport quotidien. Certes, pendant le conflit, restrictions obligent, c'est la bicyclette que l'on utilise pour se ravitailler, rejoindre l'usine, rendre visite à la famille, voire porter des messages ou passer la ligne de démarcation[12]. Mais à la Libération, l'image du vélo pâtit

[11] Frédéric Denhez, *La fin du tout-voiture*, éditions Actes Sud, 2013.
[12] Régine Deforges, *La bicyclette bleue*, Fayard, 1983.

des privations des années d'occupation[13]. La traction avant, à l'inverse, symbolise la prospérité, la foi en l'avenir, les vacances et, toujours, la liberté.

Dans les années 1950, les constructeurs deviennent des marques connues de tous. L'automobile triomphe, faisant ainsi le même chemin, de l'élite vers le peuple, que le vélo cinquante ans plus tôt. Progressivement, la motorisation gagne tous les pays européens, y compris le Danemark ou les Pays-Bas, et toutes les strates de la société, des plus riches aux plus pauvres, d'abord dans les villes puis dans les campagnes. Il devient bientôt inconcevable d'effectuer un déplacement autrement qu'au volant. La bicyclette est marginalisée. Au village, le vieux clou du grand-père ne ressort plus que le jour du concours de vélo fleuri.

Le dessinateur Sempé saisira plus tard cette évolution en quatre vignettes. Chaque image, illustrant une époque différente, représente un « bourgeois » et un « prolétaire », peut-être le patron et son ouvrier, quittant son domicile, un hôtel particulier doté d'un superbe portail en fer forgé pour l'un, une modeste masure pour l'autre. Sur la première image, le prolétaire marche l'air résigné, et le bourgeois est juché sur un grand-bi. La deuxième vignette montre le riche au volant d'une conduite intérieure tandis que le pauvre circule à vélo. Puis on voit le patron conduire un modèle américain, que l'on devine puissant, tandis que son ouvrier a droit à une mobylette. Sur le dernier croquis, le pauvre a enfin pu s'offrir une voiture, mais la route est désormais bien embouteillée. Le riche, quant à lui, se déplace... sur un vélo.

[13] Laurent Védrine, *op. cit.*

Un prédateur

Le basculement impressionne par sa soudaineté. En quelques décennies, le seul moyen de transport qui permet à l'homme de déterminer seul sa vitesse aura tué successivement le cheval puis le vélo, mais aussi les nombreux réseaux de tramway, qui avaient irrigué les villes d'Europe et d'Amérique du Nord au début du XXe siècle. Dans les années 1960, les transports en commun, essentiellement des bus, sont désormais incommodes, soumis aux encombrements et aux retards.

Les pouvoirs publics accompagnent largement le mouvement, construisant, à grands frais, des infrastructures pour la seule automobile : des routes, des voies rapides sans intersection, des ponts, des parkings souterrains, des surfaces commerciales. On fait pénétrer une autoroute en plein cœur de Marseille ou de Strasbourg, on aménage des voies rapides sur les berges de la Seine, à Paris, on perce sous la colline de Fourvière, à Lyon, une autoroute qui s'y trouve toujours. On enterre des voies de tramway, comme à Bruxelles ou à Stuttgart, et on dote Marseille ou Lyon de lignes de métro souterraines, qui n'entraveront pas la circulation de surface. Dans les petites villes, on transforme des places ombragées, autrefois lieux de foires ou de marchés, en mornes parkings. Bercé par l'idée que chaque foyer possède ou sera amené à posséder un véhicule motorisé, on pense, on agit, on aménage délibérément le « tout-voiture ».

« Adapter la ville à l'automobile », c'est ainsi que Georges Pompidou, président de la République, résume les enjeux en 1971. La « fluidité » devient le leitmotiv des ingénieurs en charge de la voirie. On sépare les flux, on découpe l'espace public, on aménage des sous-passages pour les piétons. On met à sens unique les boulevards et les petites rues, et on synchronise les feux rouges. Le stationnement est même interdit sur certains grands axes, ce qui les transforme en autoroutes urbaines. À Paris, la matérialisation des « axes rouges », des boulevards traversants dévolus à la seule circulation automobile, résulte de cette politique.

Motorisation à outrance

Dans les années 1960 est apparu un autre concurrent du vélo, le deux-roues motorisé, baptisé VéloSoleX, Motorino, Mofa, Vespa ou vélomoteur, puis scooter, TMAX ou MP3, selon les marques, les époques et les pays. Cette « bicyclette munie d'un bon petit vent arrière permanent », selon le slogan de la marque Mobylette, vise alors, avec succès, la clientèle jeune. Malgré les risques qu'ils représentent sur les routes, notamment lorsque les moteurs sont débridés, ils bénéficient, en France, d'une réglementation bienveillante.

La motorisation à outrance contribue à la déshumanisation de l'espace public, jusque... sur les plages. Un film en noir et blanc datant de 1973 montre le rivage de Sainte-Anne-la-Palud (Finistère), à marée basse, transformé en parking. Chaque famille se rend jusque sur la plage avec son véhicule et le gare sur le sable. « Ça permet de laisser nos affaires ; et puis c'est un point de repère », indiquent tranquillement les vacanciers. Aujourd'hui, une telle incongruité relèverait davantage de la parodie que de la réalité. Mais cela paraît alors parfaitement normal, exactement comme ces images d'adultes, cigarette à la bouche, fumant dans un espace clos en présence de leurs enfants.

Dès lors, partout, on préfère mettre en garde contre « le danger » des moteurs plutôt que de les ralentir. Des transports scolaires sont mis en place, car le trafic incessant fait du chemin de l'école un calvaire. De nos jours, encore, on fait passer aux enfants des « permis piétons » pour les habituer aux voitures, sans songer à interdire le trafic autour des établissements scolaires ni à organiser des pedibus, cheminements à pied vers l'école.

Dans pratiquement toutes les villes, le chemin motorisé est direct, évident, sans obstacle, alors que le piéton doit slalomer dans le milieu urbain, de passage sécurisé en « refuge », et jusque sur les trottoirs, entre les poteaux de signalisation, les « sucettes » publicitaires et les parterres de fleurs décoratifs. Les municipalités, pour limiter le stationnement sauvage qui prend ses aises sur le trottoir, posent désormais des poteaux métalliques d'environ un mètre de hauteur. Ces « potelets », peints d'un marron aussi lisse qu'inusable et que le grand public, ignorant les circonlocutions administratives, préfère appeler *« bites »*, finissent par former, entre chaussée et trottoir, une barrière aussi marquée qu'une glissière de sécurité.

Se déplacer à vélo est progressivement devenu contraignant et dangereux. La généralisation des sens uniques, censée apporter plus de fluidité à la circulation et favoriser le stationnement de chaque côté de la voie, allonge le parcours des cyclistes. Les feux de signalisation, dont le fonctionnement est calqué sur la vitesse motorisée, les forcent à freiner, puis à redémarrer, tous les 300 mètres. Dans les années 1970, partout en Europe, la bicyclette est cantonnée à quelques zones géographiques ou catégories de la population, comme les campagnes néerlandaises ou danoises. Dans les pays du bloc soviétique, les Trabant, Dacia, Lada et autres Škoda demeurent des biens de consommation chers et rares. On se déplace alors comme on peut, à pied, en bus mais aussi à bicyclette. L'Albanie est à la fois une dictature implacable et le paradis du vélo. En Hongrie, le fabricant d'engins mécaniques Csepel, dont les usines, encore aujourd'hui, sont situées sur l'île du même nom au sud de Budapest, équipe les foyers de solides montures avec lesquelles les familles partent en vacances, aux beaux jours, sur les bords du lac Balaton, la mer intérieure hongroise.

Dans les villes d'Europe de l'Ouest, colonisées par le moteur, quelques énergumènes aux cheveux longs font du vélo un symbole révolutionnaire. Sans convaincre. Le vélo subira durablement, pendant des décennies, une image associée à l'effort, à la transpiration, au bleu de travail de l'ouvrier.

Il ne faudrait pas croire que l'histoire de la motorisation du monde est terminée. De l'autre côté de la planète, en un temps record, de 1980 à 2010, un raz-de-marée a submergé les villes chinoises. Comme en Europe trente ans plus tôt, le phénomène a touché les quartiers urbains aisés puis a gagné le reste des villes et enfin les campagnes. Dans les années 2010, on continue à produire chaque année, dans le monde, davantage de voitures que l'année précédente : 80 millions en 2011, 89,8 millions en 2014, 95 millions en 2016. On compte un milliard de modèles en circulation aujourd'hui. Il y en aura deux fois plus en 2050. Ils se vendent principalement dans les pays « émergents », en Chine, en Inde, en Russie, en Turquie ou au Brésil.

Une petite auto dans la tête

Dans l'imaginaire collectif, la voiture demeure le moyen de transport par excellence. Les affiches et les spots publicitaires assaillent tous les jours le consommateur potentiel, à la télévision, sur Internet, dans le métro et même sur les pistes de ski. Hollywood, comme Bollywood, diffusent des superproductions où les portières claquent, où les courses-poursuites forment l'ossature du scénario, où les couples s'embrassent à l'avant et se déshabillent à l'arrière. Les scénarios des films d'horreur mettent en scène de fragiles humains qui, menacés par des scorpions géants ou des requins assoiffés de sang, se réfugient heureusement dans la carapace protectrice de l'habitacle. Le valeureux conducteur, guerrier défiant obstacles et dangers, finit par gagner la partie grâce à son fidèle véhicule.

Malgré les discours étayés des sociologues sentencieux qui annoncent depuis plusieurs années la fin du tout-voiture, la société européenne entretient sa petite auto dans la tête. En dehors des grandes villes, les jeunes adultes rêvent de passer le permis de conduire et de posséder un véhicule motorisé, de préférence le plus volumineux et le plus puissant possible. Garer sa « caisse » semble constituer un droit fondamental de l'individu, hardiment défendu par des politiques clientélistes. L'accession à un poste important, dans l'entreprise ou l'administration, demeure assortie d'un véhicule de fonction, d'autant plus prestigieux que le poste est élevé. La Citroën C6 du président du conseil général vaut bien le carrosse du seigneur médiéval. « L'automobile est devenue un droit, affiché comme une prothèse », résume l'auteur Frédéric Denhez[14].

La voiture demeure l'unité de valeur de référence. Tel économiste, tel chroniqueur, tel journaliste commencera une démonstration limpide par une phrase comme « si vous achetez une voiture » ou « quand vous êtes au volant », voire « si vous ne respectez pas le code de la route ». Le sort de l'économie tout entière est parfois résumé au nombre de modèles vendus. Les articles sur l'industrie automobile ressemblent à des publicités sur papier glacé. Les journalistes spécialisés se réjouissent des ventes et pleurent les pertes comme s'ils étaient personnellement actionnaires des constructeurs ou s'ils exerçaient, en catimini et à leurs heures perdues, le dur métier de concessionnaire.

Le lobby de l'automobile demeure l'un des plus puissants qui soient. Au Parlement européen, plusieurs députés,

[14] Frédéric Denhez, *op. cit.*

notamment allemands, toutes tendances politiques confondues, s'en font une spécialité. Les gouvernants ne se contentent pas d'engloutir des dépenses publiques dans le soutien à cette industrie, sous forme de primes à la casse, d'entretien de la voirie ou d'indemnités kilométriques. Ils font tout pour que cette gabegie se poursuive. La voiture électrique et sa batterie au lithium qui pèse 300 kilos, le poids d'une moto, est présentée comme le nouvel eldorado.

L'INTERNATIONALE DE LA PÉDALE

Et pourtant, les choses changent, peu à peu. En Occident, on aura mis plusieurs décennies à se rendre compte que le véhicule motorisé n'est pas adapté à tous les trajets. La voiture, la moto et le scooter sont aujourd'hui présentés comme des plaisirs un peu licencieux, ce qui les rend d'ailleurs attractifs aux yeux d'une partie de la population.

En revanche, à écouter les discours et à lire les sondages[15], tout le monde semble aimer le vélo. Les maires des grandes villes promettent « des kilomètres de pistes cyclables » et ne cessent de vanter leur système de vélo en libre-service. Les pouvoirs publics annoncent des « plans vélo », les ministres se montrent, le dimanche – ou le mercredi, jour de conseil – juchés sur une selle. La bicyclette, dépourvue de carrosserie, est par excellence le symbole de la transparence. Tout le mécanisme apparaît au grand jour. On décèle au premier coup d'œil la moindre anomalie, chaîne déraillée ou cassée, roue voilée, câble sectionné.

Cet objet moderne, efficace, sympathique, écologique, figure sur les devantures des supermarchés, des cartes de fidélité de boutiques de mode, des emballages de chips ou de

[15] Récapitulés dans une étude publiée par le cabinet 6T.

jus de fruit, et même sur les rapports annuels des entreprises cotées. Elle est devenue presque aussi rigolote que le petit canard jaune de nos baignoires d'enfant.

En pratique, toutefois, le vélo demeure un moyen de transport marginal. Sa part de marché n'est aujourd'hui significative que dans les pays occidentaux ou au Japon. Ailleurs, l'usage du vélo a décliné, ou n'a jamais percé.

L'Amérique avance casquée

En Amérique et en Océanie, continents « neufs », vastes et relativement peu denses, le déplacement demeure surtout motorisé. Même le chemin de fer n'a jamais constitué une alternative et l'avion fait figure de transport de masse. Depuis le début du siècle, toutefois, quelques villes empruntent timidement le même chemin que les pionnières européennes. À Buenos Aires, des coursiers à vélo se faufilent dans la circulation dense. À Santiago du Chili, au pied des Andes, le vélo est une alternative aux bus et métros insuffisants. Curitiba (1,8 million d'habitants), capitale de l'État brésilien de Paraná, vante ses transports « durables ». À Bogotá[16] ou à Medellín, les « *ciclovias* », réseaux de voies fermées aux voitures le dimanche et les jours fériés, attirent de nombreux amateurs. Des *hipsters* barbus et chevelus pédalent à Sydney, Melbourne ou Adelaïde, en Australie.

D'année en année, Portland (Oregon) ou Montréal se signalent comme capitales respectives du vélo aux États-Unis et au Canada. Les municipalités de Vancouver, New York ou Boston sont sur les rangs, mais avec des résultats qui, pour le moment, ne peuvent rivaliser avec les leaders européens.

[16] On attribue souvent à Enrique Peñalosa, qui fut maire de la ville entre 1998 et 2000, cette citation : « Une ville avancée n'est pas un lieu où même les pauvres roulent en voiture, mais plutôt un lieu où même les riches prennent les transports en commun. »

En Amérique du Nord, en effet, le vélo demeure souvent prisonnier du casque obligatoire, imposé par les sociétés d'assurance. Cet impératif limite également l'extension des systèmes de libre-service. On peine à convaincre les abonnés de se promener en permanence un casque à la main au cas où il leur viendrait l'idée d'emprunter un vélo, voire de poser sur leur chevelure un « casque en libre-service » porté au cours de la même journée par quelques dizaines d'inconnus plus ou moins bien peignés.

Madam' Bicycle

Dans les métropoles asiatiques, le sort de la bicyclette raconte la même histoire qu'en Europe, mais avec un décalage d'une cinquantaine d'années. Désormais, les rues de Shanghai ou de Mumbai ne sont plus encombrées de vélos mais de voitures, et la Grande Muraille est moins repérable de l'espace que ne l'est le smog qui recouvre Pékin. À Calcutta, en septembre 2013, la police municipale a interdit la circulation cycliste dans les principales artères de la mégapole, provoquant le désarroi de milliers de livreurs, laitiers, marchands de journaux, quincailliers ambulants et autres rickshaws. En revanche, « la bicyclette rend bien des services dans les villages indiens », explique l'universitaire Amartya Sen, lauréat du prix Nobel d'économie en 1998, « car elle permet de parcourir 5, 10 ou 20 miles pour recueillir des informations ou savoir à qui vendre sa récolte ». Au Cambodge, les familles paysannes disposent d'un précieux destrier, de marque chinoise, qui leur permet de vendre leur récolte de riz ou de manioc au marché. Au Bangladesh, l'organisation D.net propose un service de connexion à Internet fourni par des femmes se déplaçant à bicyclette[17]. Par écran interposé, les villageois contactent

[17] Julien Bouissou, « Au Bangladesh, Internet arrive dans les villages à vélo », *Le Monde*, 29 juin 2013.

leurs proches, émigrés dans les pays du Golfe, posent des questions à un médecin, échangent des photos. À pied, le service exigerait trop de temps, en voiture, trop d'argent.

Dans les localités d'Afrique subsaharienne, tout moyen de transport demeure un luxe. À Sangha, une commune de 57 000 habitants regroupant de nombreux villages du pays dogon (Mali), celui qui possède une bicyclette dispose d'un avantage compétitif et jouit de la considération de ses concitoyens. Même si, depuis quelques années, on est encore plus respecté sur l'une de ces petites motos importées de Chine, qui permettent d'aller encore plus vite.

Dans les pays pauvres de la planète, les initiatives ne manquent pas. L'urbaniste et consultante Amanda Ngabirano, qui vit à Kampala (1,7 million d'habitants), capitale de l'Ouganda, a appris à pédaler lors d'une année d'études aux Pays-Bas. De retour dans son pays, elle tente d'expliquer à ses concitoyens, notamment aux femmes, qu'ils pourraient gagner un temps précieux : « 70 % des déplacements se font à pied et les transports publics sont bondés, pas fiables, pas confortables[18] », explique-t-elle. L'urbaniste a monté avec la municipalité un projet en faveur du vélo et gagné, auprès des autorités, le sobriquet de « Madam' Bicycle ». Au cours d'une première « journée sans voiture » dans la capitale ougandaise, le maire de la ville s'est même montré en selle.

En Tunisie, en 2012, un collectif d'associations a lancé le programme « Si tu ne peux pas aller à l'école, vas-y à vélo ![19] », consistant à distribuer des bicyclettes aux enfants des campagnes de la région de Sousse. Dans *Bike for bread*, le

[18] À la conférence Velocity, à Vienne, le 14 juin 2013.

[19] Nada Labidi, « L'association si tu ne peux pas aller à l'école vas-y à vélo », www.tunisie-news.com, 28 octobre 2012.

documentariste suisse Claude Marthaler[20] montre un livreur naviguant avec une agilité phénoménale dans les rues surchargées du Caire, une planche recouverte de pains ronds en équilibre sur la tête. *Wadjda*, de la cinéaste saoudienne Haifaa al-Mansour, raconte l'histoire de cette petite fille qui tombe amoureuse d'un vélo dans la banlieue de Ryad.

En revanche, dans les monarchies pétrolières du Golfe, « vélo » est presque un gros mot. En décembre 2012, à Doha, au Qatar, au moment du sommet sur le climat, l'envoyé spécial du quotidien *la Libre Belgique* s'est trouvé bien en peine d'en louer un. « C'est pourtant devenu une sorte de tradition ces dernières années ; les villes qui accueillent les sommets onusiens consacrés à l'environnement s'efforcent de faire bonne impression avec un dispositif de transport le plus "vert" possible », écrit le journaliste. Mais à Doha, « la voiture est reine ». Les seuls vélos aperçus dans les rues de l'émirat « servent de moyen de locomotion aux laissés pour compte de la manne pétrolière[21] ».

GÉOPOLITIQUE EUROPÉENNE DU VÉLO

L'Europe est le continent qui encourage le plus l'usage du vélo, même si les pouvoirs publics s'engagent avec un enthousiasme variable selon les niveaux de décision et les pays. Alors commissaire européen en charge des transports, l'Estonien Siim Kallas, l'a affirmé lors de la conférence Velo-city, à Vienne, en juin 2013 : « La pratique du vélo est une manière d'utiliser l'espace public qui limite la pollution, les coûts, la congestion[22]. » La commission a consacré 600 mil-

[20] Claude Marthaler, *Bike for bread,* Camacro production, décembre 2012.
[21] Gilles Toussaint, « Pas de vélo à Doha ! », LaLibre.be, 3 décembre 2012.
[22] Cette conférence réunit tous les ans, dans une ville différente, les spécialistes, qu'ils soient urbanistes, techniciens, militants, sociologues, élus, journalistes ou autres. Plus d'un millier de personnes se retrouvent pendant trois jours.

lions d'euros, dans son budget 2007-2013, aux infrastructures cyclables, voies, ponts, cycloroutes, campagnes de communication ou stages de remise en selle. Cela semble beaucoup, mais quatre pays, l'Allemagne, la Pologne, la Hongrie et la République tchèque ont dépensé chacun 100 millions d'euros. Pour l'exercice 2014-2020, la Fédération européenne des cyclistes (European Cyclists' Federation, ECF), un lobby international, espérait toujours, en 2018, 6 milliards d'euros, soit 10 % du budget consacré aux transports. Selon la fédération, cette somme pourrait être affectée à différentes politiques européennes, tels que les fonds de cohésion, les fonds destinés au développement rural (Feder et Feader, bien connus des élus ruraux), les politiques sociales ou la construction de routes. Une partie est distribuée directement par les institutions et le reste par le truchement des États-membres[23].

Objectifs européens

Comme la Commission européenne, les États et les municipalités se fixent des objectifs chiffrés ambitieux. En 2009, à l'issue de la conférence Velocity à Bruxelles, plusieurs villes ont signé une Charte les engageant à diviser par deux le risque d'accidents et à atteindre, en 2020, une part modale de 15 %[24]. *Ce chiffre a été fixé volontairement bas de manière à permettre aux retardataires de rejoindre le* gruppetto *des pionniers. En effet, en Allemagne, aux Pays-Bas ou en Italie, ce taux de seulement 15 % serait à bien des endroits une régression. Même Strasbourg, qui*

[23] Le processus d'élaboration du budget pour le vélo est disponible sur le site d'ECF : www.ecf.com/advocary/eu-funding-2/

[24] www.velo-city2009.com/charte-bruxelles.html

revendique 14 % de cyclistes, espère en compter 20 % en 2020, bien au-delà des objectifs annoncés.

La Charte a été adoptée par une cinquantaine de villes du continent, notamment au Benelux (Bruxelles, Gand et Luxembourg, par exemple), en Pologne et en Finlande[25]*. Mais elle n'a convaincu que quatre villes en France : Bordeaux, Bègles (Gironde), La Rochelle et Toulouse. Le plan vélo dévoilé par Thierry Mariani, ministre de Nicolas Sarkozy, en janvier 2012, ne partageait pas, de fait, la même ambition que la Charte européenne. L'objectif affiché était de 10 % de cyclistes en 2020. À Paris, la maire, Anne Hidalgo (PS), avait promis, durant sa campagne, un « doublement du nombre de cyclistes en 2020 » avant de s'engager, informellement, en faveur d'un objectif de 15 %. On remarque également la prudence de Londres, dont l'ancien maire conservateur, Boris Johnson, avait pourtant annoncé, fin 2012, un plan d'un milliard de livres en faveur du vélo. L'édile espérait alors doubler le nombre de cyclistes dans la capitale britannique d'ici à 2026, c'est-à-dire passer de 3 % à 6 % en 14 ans.*

Les pays du Nord en tête du hit-parade

Plusieurs enquêtes tentent régulièrement de mesurer la pratique de la bicyclette par les Européens. En premier lieu, l'Union européenne observe les « parts modales » des différents moyens de transport, c'est-à-dire la proportion des déplacements effectués. Selon l'étude « Future of transport », menée en 2010 auprès de 25 000 personnes à la demande de la Direction générale des transports de l'UE, 53 % des trajets

[25] www.eltis.org

se font en voiture, 22 % à l'aide des transports publics, 13 % en marchant, 7 % en pédalant et 2 % sur une moto ou un scooter. Les hommes utilisent davantage la voiture que les femmes, et celles-ci préfèrent plus souvent la marche. L'étude précise la répartition des parts modales par pays, qui recèle quelques surprises. Ainsi, après les Pays-Bas (31 % de déplacements à vélo), c'est la Hongrie qui arrive deuxième, avec 19 %, suivie du Danemark et de la Suède. La marche demeure un mode prépondérant dans certains pays d'Europe centrale : 30 % en Bulgarie, 29 % en Roumanie, 22 % en Estonie. L'automobile l'emporte largement dans 18 pays sur 27 et la France est quatrième pour le nombre de trajets en voiture ou moto (66 %), derrière la République tchèque, la Slovénie et la Lettonie. En France, on ne compte en revanche que 3 % de parcours à vélo, contre 13 % en Belgique. Enfin, c'est en Grèce que l'on rencontre le plus de motards : 7 %.

Mais selon ECF, la « cyclabilité » d'un territoire ne se limite pas à la pratique du vélo. La fédération a publié en mai 2015 un « baromètre[26] » basé sur cinq critères : la part modale, la sécurité des routes, le développement du cyclotourisme, les ventes de bicyclettes et la force du militantisme. Le palmarès final met le Danemark en tête, devant les Pays-Bas, suivis de la Suède et de la Finlande. La France n'arrive qu'en douzième position, dépassée de loin par la Belgique (6e), et une place derrière le Royaume-Uni.

Ces hit-parades cachent bien sûr de fortes disparités. Epomm, la plate-forme européenne pour le management de la mobilité (European platform on Mobility Management), un réseau qui rassemble plusieurs agences gouvernementales, publie sur son site la répartition des modes de transport dans 479 agglomérations du continent[27]. Rares sont les villes

[26] https://ecf.com/resources/cycling-facts-and-figures/ecf-cycling-barometer
[27] www.epomm.eu

européennes de plus de 100 000 habitants qui comptent plus d'un quart de trajets à vélo : une dizaine aux Pays-Bas, quatre en Allemagne, trois en Suède, deux en Italie, deux au Danemark, une en Belgique et... une en Albanie – il s'agit de Shkodër, la deuxième ville du pays.

D'autres classements, plus ou moins fantaisistes, sont publiés de temps à autre. Le *Copenhagenize Index*[28], conçu par l'agence de design danoise du même nom, a sélectionné, en 2011, 80 villes, classées en fonction d'une « cyclabilité » calculée selon 13 critères. Amsterdam et Copenhague, sans surprise, sont en tête, suivies plus curieusement par Barcelone, puis Tokyo et Berlin. En 2013, l'index, qui classe cette fois 150 villes, décerne toujours les deux premiers prix aux capitales néerlandaise et danoise, mais Barcelone est désormais classée 13e, remplacée par Utrecht (Pays-Bas), ce qui semble bien plus logique au vu de la réelle pratique dans ces deux villes. Suivent Séville, Bordeaux et Nantes, alors que Strasbourg, pourtant la ville la plus dotée en France n'apparaît pas dans les 15 premières[29].

Le grand blond et le petit brun

Tous ces classements, même disparates ou contestables, comprennent tout de même quelques constantes. Les peuples du nord de l'Europe – où sont apparus, dans les années 1970, les premiers signes du retour de la bicyclette – pédalent davantage, suivis par l'Europe médiane, Allemagne, Belgique, Suisse, Autriche, Italie du Nord. Viennent ensuite les pays de l'Est, où le taux de motorisation continue de progresser. Dans les années 1990, « la voiture a symbolisé la liberté ; partout,

[28] http://copenhagenize.eu/index

[29] En 2015, le même classement donne, dans l'ordre, Copenhague, Amsterdam, Utrecht et Strasbourg.

nous avons bâti des infrastructures routières[30] », explique Milan Ftácnik, maire de Bratislava, capitale de la Slovaquie. Mais la tradition du vélo est restée vivace, surtout à la campagne[31], et les villes d'Europe centrale, de Cracovie à Sofia, de Gdansk à Budapest, aménagent des pistes, et même parfois, limitent timidement la suprématie automobile. L'Europe du Sud, France incluse, où l'on semble avoir relégué le vélo au rang de loisir ou de sport, fait figure de parent pauvre. En France, Strasbourg a longtemps été la seule ville cyclable, c'est-à-dire dotée d'une politique claire en faveur du vélo, digne de ce nom. Un pasteur protestant, Jean Chaumien, y a créé en 1975 le Comité d'action deux-roues (CADR). Le même est à l'origine de la Fédération française des usagers de la bicyclette (FUB), fondée en 1980. Strasbourg, capitale française du vélo ? Peut-être. Cette blague, à prononcer avec l'accent alsacien, circule ici ou là : « Quelle est la plus petite fleur qu'on trouve en Alsace ? C'est le «v(f)élo», car il n'a que deux pétales. »

Il est tentant d'établir une typologie des territoires propices. Les pays du Nord contre ceux du Sud, les territoires plats opposés aux régions vallonnées, les peuples sensibles à l'écologie contre ceux qui polluent sans vergogne. Le grand blond, svelte et protestant, qui avale musli et hareng avant de monter en selle tandis que le petit brun, rondouillard et catholique, engloutit un café court et des viennoiseries trop grasses avant de prendre le volant. Le *leguiste*[32] consciencieux mais rasoir contre le *terrone* truculent mais désorganisé.

[30] À la conférence Velocity, le 12 juin 2013, à Vienne.

[31] Remarque de Sébastien Torro-Tokodi.

[32] En Italie, le mot *leguiste*, partisan de la Ligue du Nord, désigne plus largement les Lombards et autres habitants du nord de la péninsule. *Terrone* est un terme méprisant, qui désigne les habitants du Mezzogiorno.

Ces caricatures sont d'autant plus satisfaisantes intellectuellement qu'elles correspondent, en partie, à la réalité. L'exemple le plus frappant est belge. En Flandre, langue gutturale et plat pays, on prend volontiers son vélo pour se déplacer, tandis qu'en Wallonie, langue latine et collines verdoyantes, on préfère la voiture. Le décalage devient presque un argument politique. « Chez les Flamands, c'est plat. Et d'ailleurs, chez eux tout est plat », raille Willy Demeyer, le bourgmestre (PS) de Liège, pour expliquer pourquoi ses administrés se montrent plus réfractaires que les Anversois.

L'essor du vélo tient, en fait, à un mélange de volonté politique, de contrainte exogène et de circonstances sociologiques favorables. Certes, on pédale peu à Madrid, pratiquement pas à Rome ni à Athènes. Et pourtant, les plaines d'Émilie-Romagne, de Parme à Ferrare, démentent l'idée selon laquelle le vélo serait réservé aux peuples du Nord. De même, à la frontière franco-espagnole, au bord de l'océan Atlantique, Irun (Pays basque, 60 000 habitants) se révèle bien mieux aménagée que Hendaye (Aquitaine, 15 000 habitants).

Un Espagnol qui vit à Copenhague se mettra au vélo, tout comme un Français qui s'installe à Naples s'achète un *motorino*. Un étudiant danois qui passe un semestre sur un campus français passera pour un fou s'il s'obstine à se déplacer à vélo. Enfin, à Utrecht, aux Pays-Bas, on croise sur selle aussi bien des femmes voilées d'origine marocaine que des vieux hommes nés en Anatolie.

Chapitre 2

LES SEPT (FAUSSES) IMAGES DU VÉLO

Il est rassurant de réduire le vélo à une caricature : moyen de transport du pauvre, loisir du dimanche, talisman écologique ou portefaix du « bobo ». La plupart de ces clichés, qui s'appuient sur quelques éléments tangibles, réussissent à concentrer en un seul objet de nombreux fantasmes : le vélo est à la fois un outil transparent mais qui suscite des comportements sournois, une source de détente et un facteur de tensions. Le cycliste est considéré alternativement comme lent et rapide, riche et pauvre, individualiste mais de gauche, profondément égoïste et naturellement altruiste, humble et arrogant. Ce kaléidoscope s'explique en partie par la concurrence que représente la bicyclette pour les modes motorisés. Selon le psychologue britannique Tom Stafford, « conduire est une activité morale. La route a ses règles, à la fois légales et informelles; il y a des bons et des mauvais conducteurs. La conduite, au fond, ressemble beaucoup à la vie sociale». Et le cycliste, en passant devant tout le monde sans véritablement gêner personne, «offense cet ordre moral». Le vélo apparaît comme un franc-tireur; il brise les idées reçues, casse les codes, appelle des raisonnements contre-intuitifs, souligne les contrastes. On l'aime ou on ne l'aime pas. Voire, c'est fréquent, on l'aime à certains moments, dans certains lieux, mais pas ailleurs. On voudrait tour à tour l'embrasser et l'étrangler. Ces caricatures, au fond, révèlent une certaine jalousie. Le cycliste est rapide, dépense peu d'argent pour se déplacer, il entretient son corps. Il ne donne pas toujours des leçons de morale; il est une leçon de morale. Ces clichés prêteraient à sourire s'ils ne servaient pas, trop souvent, de prétexte pour refuser de développer des politiques cyclables.

LA VOITURE DU PAUVRE

C'est le cliché le plus ancien. Dans les années 1950 et 1960, seul le plus riche, ou le plus frimeur, se permettait d'acquérir une « conduite intérieure ». Le pauvre se contentait de rêver, chaque année, devant les modèles rutilants exposés au salon de l'auto, avant de repartir tristement sur sa vieille bécane.

Cette image de « véhicule du pauvre » persiste aujourd'hui. À la campagne, ou dans les petites villes, la bicyclette est incarnée par ce vieux monsieur, mal fagoté, qui peine à petite vitesse sous un soleil de plomb ou protégé du déluge par une casquette élimée. Il fait pitié. En le dépassant, bien abrité par sa carrosserie, on aurait envie de lui lâcher : « Mon brave, laissez donc votre malheureux biclou dans le fossé ; on vous emmène. » « Le vélo c'est ringard[33] », affirment – en 2013 – de nombreux adolescents interrogés dans trois communes de Seine-et-Marne. Dans ces territoires pratiquement dépourvus de transports publics, les jeunes préfèrent braver les dangers en montant à plusieurs sur un scooter, convaincre des adultes de les conduire, voire marcher à pied pendant des heures le long de nationales mal éclairées. « Un trajet de quelques kilomètres se présente parfois comme un long voyage », observent les auteurs de l'étude. Mais pour rien au monde, les jeunes ne s'abaisseraient à enfourcher un vélo, déchéance suprême. Le tandem du Front populaire n'a pas traversé les générations.

Dans les quartiers pauvres et les grands ensembles, le vélo souffre également. Dans tous les pays d'Europe, les immigrés récents, ou les personnes dont les parents ont immigré, font partie des populations les plus réfractaires.

[33] Jean Tellier et Alix Cariou, « Étude sur les déplacements des jeunes dans une région rurale à Coulommiers, Brie-Comte-Robert, et Villeneuve-le-Comte (Seine-et-Marne) », présentée aux rencontres du Forum des vies mobiles, le 24 janvier 2013.

À Utrecht, les jeunes d'origine turque ou marocaine, auxquels les parents n'ont pas transmis la culture du vélo, préfèrent acquérir une petite moto. Même désintérêt dans la commune populaire de Molenbeek, dans la banlieue de Bruxelles ou dans certains quartiers d'Amsterdam ou de Rotterdam, fiefs marocains ou capverdiens. De fait, on trouve difficilement des vertus au vélo lorsqu'on n'est pas passé par le stade motorisé, preuve incontestable qu'on a réussi dans la vie. En France, dans les cités, l'engin à moteur demeure « un signe extérieur d'intégration », constate Fabienne Vansteenkiste, adjointe au maire (écologiste) de Montreuil (Seine-Saint-Denis). Le vélo, c'est « pour les petits », les enfants qui jouent sur le bitume au bas des immeubles. À Belleville, les enfants des immigrés chinois préfèrent s'afficher au volant d'un 4x4 lorsqu'ils le peuvent, plutôt qu'au guidon d'un Vélib'. À Nantes, les stations de Bicloo les moins fréquentées sont situées dans les quartiers populaires. Les forces de l'ordre semblent partager les mêmes clichés, d'après des membres du Collectif Vélos en Ville, à Marseille : « Un de nos copains sans-papiers, d'origine africaine, craignait les contrôles. Lorsqu'il est à vélo, la police ne fait pas attention à lui ! » Parallèlement, Pierfrancesco Marchesi, élu romain du parti berlusconiste, justifiait ainsi, en mai 2012, son hostilité à l'aménagement de pistes cyclables à Ostia, sur le lido qui borde la Méditerranée : « À Ostia, il n'y a que les immigrés roumains qui font du vélo[34]. »

Le syndrome du « vélo-prolo » est également répandu chez les étudiants. Sur les parkings des campus, on parle moteur, carrosserie, détecteurs de radars. Acquérir un véhicule, voire un beau modèle, de ses propres deniers ou à l'aide de ses parents, fait partie des ambitions partagées, expliquent des professeurs enseignant à l'université de La Rochelle. Aux

[34] Manuel Massimo, « Ostia, il consigliere contro i ciclisti », *La Repubblica*, 22 mai 2012.

États-Unis, le constructeur General Motors a essayé de surfer sur cette tendance. En 2011, l'entreprise publiait un encart publicitaire en noir et blanc dans plusieurs revues destinées aux étudiants. On y voit un jeune homme, casqué, sur un vélo, dépassé par une jeune fille souriante, confortablement assise dans une voiture. « *Reality sucks* », proclame l'affiche, ce qu'on pourrait tenter de traduire par « La vraie vie, ça craint ». En dessous, « *stop pedaling, start driving* » (« cessez de pédaler, mettez-vous au volant ») et une série de tarifs attrayants pour les modèles du constructeur. Suite à une fronde des associations de cyclistes, General Motors a retiré sa publicité au bout de quelques semaines[35].

Le vélo, réservé aux pauvres, n'est qu'un pis-aller, un objet dont on s'accommode « en attendant ». Car tout le monde, bien sûr, a vocation à acquérir un véhicule motorisé. Cette représentation, plus partagée qu'on ne le croit, pèse sur les infrastructures. Telle communauté de communes rechigne à voter des crédits substantiels, tel maire boude l'inauguration du parking à vélos et délègue un adjoint. Même en période de vaches maigres, « il faut peser un certain budget pour être pris au sérieux dans les couloirs d'un ministère », affirmait, en juin 2013, Pierre Toulouse, membre de l'équipe chargée d'élaborer un « plan vélo » au ministère des Transports. Le constat vaut dans les mairies. « Ce n'est pas un gros budget », lâche l'adjoint aux finances avec un rictus de mépris.

UN SPORT DU DIMANCHE

On pédale pour se défouler, gagner des critériums, battre ses copains sur les routes détrempées le dimanche matin, avant de brandir une coupe en métal sponsorisée par l'hypermarché du coin. Cette pratique, surtout masculine, est très

[35] Jerry Hirsch, « GM pulls advertisement that offended cyclists », *Los Angeles Times*, 12 octobre 2012.

répandue en Belgique, aux Pays-Bas, en Italie ou en France. La compétition séduit tant de jeunes amateurs que certains, passionnés, s'engagent comme professionnels.

Le mot « cyclisme », dans les médias, demeure associé à « performance », « critérium », « effort » et, depuis la fin du XXe siècle, « dopage ». Quant au « cycliste », il désigne encore cet étrange short en lycra qui donne une allure d'exhibitionniste à tout homme qui en enfile un.

Très populaire depuis les années 1980, le vélo tout terrain (VTT) convoque lui aussi le dépassement de soi, mais cette fois en montagne ou sur un terrain vallonné. L'émergence des cross-country, trials et autres enduros a permis la diffusion du vélo auprès de jeunes sportifs jusque-là réfractaires. Les compétitions de « dirt », consistant à effectuer des figures acrobatiques sur un bicycle motocross, ou BMX, impressionnent les foules.

Mais, réduit à cette image sportive, le vélo apparaît comme un objet étrange, inaccessible, difficile à manier, voire dangereux. Pédaler, même en ville, serait réservé aux gars musclés qui aiment aller vite, se déguiser en coureur, transpirer et rouler « en danseuse » en fournissant un effort intense. Des « rambo-bikers », résume un responsable berlinois. Aperçu dans les lacets des cols alpins, sous le soleil impitoyable, le vélo est associé à la souffrance. Dans les rues de Paris, avant les années 2000, les rares cyclistes qui s'aventuraient dans la jungle urbaine entendaient parfois cette injonction, lancée par un quidam : « Baisse la tête, t'auras l'air d'un coureur ! »

C'est aussi le vélo-sport que Louis Nègre, maire (LR) de Cagnes-sur-Mer, incrimine, en septembre 2012, lorsqu'il annonce une limitation inédite de la vitesse à 10 km/h sur la piste cyclable qui longe la Méditerranée : « Je ne voudrais pas qu'un cycliste, en tenue et en casque, égoïste et irresponsable, percute un enfant », se justifie alors l'élu.

UN PASSE-TEMPS, TOUT AU PLUS

La scène se passe à Marseille, à proximité du parc Borély, le grand espace vert des quartiers sud. « Mais que faites-vous là ? Vous ne pouvez pas rester dans le parc pour faire du vélo ! », lance cette femme, assise dans sa voiture, à une cycliste. « Faire du vélo », comme on fait un footing, de la salsa ou de l'italien. Une activité, sans doute respectable et distrayante, mais en aucun cas un moyen de transport. Un peu comme si une langue vivante, outil de communication, était reléguée au rang de passe-temps.

Dans un clip destiné à promouvoir ses « services à la mobilité », le constructeur Peugeot met en scène une femme qui pousse un vélo dans la rue, un casque sur la tête, puis un homme qui fixe sa bicyclette à une barre, sur le toit de sa voiture. Le message est clair : Peugeot tolère le cycliste qui s'adonne au plaisir de la balade. Quand il aura fini de jouer, il descendra de selle et retrouvera sa berline.

L'image du vélo-loisir, sympathique et conviviale, rassure. La bicyclette s'épanouit à la campagne, loin du travail, des déplacements quotidiens. Elle est associée à la balade, aux vacances, aux journées de soleil, à la Paulette d'Yves Montand. C'est une occupation saine qui génère des recettes touristiques et ne menace pas l'ordre établi. Les collectivités locales aménagent de belles voies goudronnées sur les anciennes voies ferrées aujourd'hui désaffectées. La locomotive et le cycliste présentent en effet un point commun : ils supportent mal les pentes fortes. Sur les brochures en papier glacé éditées par les conseils généraux, les « com-com[36] »

[36] Communautés de communes, en jargon administratif.

et les « pays[37] » pour présenter l'euro-véloroute Nantes-Budapest, on admire une famille traditionnelle, Papa, Maman, le grand fils et la petite fille, évoluant l'un à côté de l'autre, sourire aux lèvres et coque en polystyrène expansé sur le crâne.

Il est paradoxalement plus facile de dégager un budget public pour dessiner des « véloroutes » en pleine campagne que de réaliser, à un coût nettement inférieur, des voies cyclables situées en bordure des routes existantes et dédiées aux déplacements quotidiens. La mission des techniciens à l'urbanisme « consiste à réaliser des liaisons routières interurbaines, confortables et sécurisées », confie la « Madame vélo » du conseil départemental des Pyrénées-Atlantiques.

Le vélo-jouet fait en revanche le bonheur de l'industrie du cycle : on offre à Noël un cycle de course tout neuf qui servira à Pâques. Or, ceux qui possèdent le plus de vélos sont aussi ceux qui pédalent le moins souvent. Dans l'agglomération de La Rochelle, le nombre de déplacements est inversement proportionnel au nombre de foyers possédant au moins une bicyclette[38].

UN TALISMAN ÉCOLOGIQUE

On ne peut pas imaginer tout le mal que l'écologie a fait au vélo... Depuis que René Dumont, candidat écologiste à la présidentielle en 1974, est arrivé en selle sur un plateau de télévision pour présenter son programme, on réduit la bicyclette au message écologique qu'elle est censée porter. Tel consultant, proclamé spécialiste en « développement durable », explique

[37] Entité territoriale instituée par des lois de 1995 et 1999, puis vidée de son contenu par une loi de 2010.

[38] Schéma directeur en faveur du vélo, agglomération de La Rochelle, janvier 2012.

ses nouvelles trouvailles face à une caméra ; derrière lui, bien visible, on aperçoit un guidon. Un congrès de professionnels est consacré à ce même « développement durable ». Un praticien se dévoue pour se montrer sur scène, juché sur un vélo. Une entreprise veut prouver ses « bonnes pratiques » : elle place un pictogramme représentant deux roues, un guidon et un pédalier sur la page d'ouverture de son site Internet. À l'automne 2013, sur des autocollants diffusés par le Front de Gauche, des personnages d'âge divers, assis sur un tandem à cinq places et brandissant un drapeau rouge, invitent à lutter contre la réforme des retraites.

Une bicyclette en bandoulière, on se préoccupe de la planète, on se montre solidaire, on est quelqu'un de bien. Le vélo est un talisman que l'on exhibe, voire un crucifix éloignant le diable maléfique. À Rome, un soir de mars 2013, deux jours avant le conclave qui verra l'élection du pape argentin Jorge Mario Bergoglio, Philippe Barbarin, archevêque de Lyon, quitte le Vatican juché sur une selle. Toutes les caméras du monde filment la scène. Le prélat, qui s'est distingué, quelques mois plus tôt, par des propos homophobes particulièrement violents[39], apparaît, par la vertu de son seul vélo, comme quelqu'un de simple, de transparent, un chic type, au fond. Le vélo est un objet rédempteur.

Des pistes cyclables sont aménagées par des responsables politiques soucieux, sinon de flatter un électorat, au moins de sacrifier aux critères de la bien-pensance du moment et de montrer leur engagement en faveur de la planète et des générations futures, lui-même réduit au seul combat contre les émissions de gaz à effets de serre. Peu importe que les pistes en question ne répondent à aucune demande à l'endroit où on les dessine, peu importe que le revêtement ne soit pas adapté

[39] Philippe Barbarin a comparé, le 14 septembre 2012, le mariage homosexuel à la légalisation de la polygamie et de l'inceste.

aux besoins des cyclistes, peu importe que les tracés ne soient pas reliés aux réseaux existants, peu importe que l'on continue d'encourager l'usage de la voiture par des politiques de stationnement abondant et bon marché. L'essentiel demeure de tracer des pistes décoratives, de préférence avec de la peinture verte. Dans la même logique, le vélo en libre-service est systématiquement présenté comme « vert », « durable » ou « écolo ». Et voilà notre pauvre vélo, qui n'en demandait pas tant, transformé en talisman écolo, trônant en bonne place entre l'éolienne, la yourte et la couche lavable ; la version mobile de la bougie à laquelle voudraient revenir « ces abrutis d'écologistes décroissants ».

On a fait pendant des décennies du produit national brut l'unique indicateur de toutes les activités humaines et désormais, il faudrait les mesurer par le seul prisme des émissions de gaz à effet de serre. Or, si le décompte du CO_2 rencontre un tel succès, ce n'est pas seulement parce que les élites ont conscience de l'enjeu environnemental, mais parce que les émissions de gaz à effet de serre constituent une donnée mesurable, tangible, et même échangeable.

Reste que l'argument environnemental, surtout s'il est cosmétique, se retourne comme un gant. Le dérèglement climatique demeure une perspective abstraite et l'échéance lointaine. Chacun s'imagine, au fond, capable de résister à un assaut du climat. Mieux, sous les latitudes tempérées, on s'avoue intimement que « quelques degrés supplémentaires ne feraient pas de mal ». Un printemps pluvieux, un été pourri, une petite vague de froid en février suffisent à plaider, au plus profond des consciences, en faveur du réchauffement climatique…

Parfois, il se trouve quelqu'un qui lâche « l'écologie, ça commence à bien faire », comme s'y était risqué, en 2010, Nicolas Sarkozy, alors président de la République. On se tourne vers ceux qui réclament un peu de sobriété au nom de la planète et on argue que, comme chacun sait, « il y a des problèmes plus graves ». Pourquoi embêter les gens avec l'écologie alors qu'ils subissent tous les jours la crise économique et la précarité ? C'est muni de ce solide argument que le mouvement breton des « bonnets rouges » a combattu la taxe sur les poids lourds, dite « écotaxe », à l'automne 2013. Quelques semaines plus tôt, alors que le mouvement était déjà en pleine effervescence en Bretagne, Nantes installait une borne destinée à compter le nombre de cyclistes sur le Cours des 50 Otages, en plein centre-ville. « Il était question, un temps, de baptiser cette borne "éco-totem". Craignant la contagion, j'ai insisté pour qu'on lui préfère le nom de "vélo-totem" », confie en souriant un fonctionnaire de la communauté urbaine.

Enfin, le vélo de l'écolo suscite les leçons de morale. « Comment ça, tu vas au congrès Velocity, qui réunit les spécialistes internationaux de la bicyclette, à Vienne, et tu y vas en avion ? Comment ça, vous prônez le vélo et là, maintenant, vous montez dans un taxi ? » Fin de la discussion. Le vélo est disqualifié puisque celui qui le défend pratique aussi l'avion ou le taxi.

En pratique, personne, ou presque, ne pédale vraiment pour la planète. Lorsqu'on demande aux habitants de Copenhague pourquoi ils se déplacent à vélo, 56 % répondent que c'est un moyen de déplacement rapide, 37 % avancent l'aspect pratique, 29 % le coût limité, 26 % la santé. Seuls 5 % des Copenhagois invoquent l'environnement et les préoccupations liées au climat. De fait, l'homme qui pédale pour la seule survie de son espèce manifeste un certain courage, mais pourrait bien se lasser. À un moment, à l'instar du fervent catholique volontiers généreux, à condition que cela ne lui coûte pas trop de sacrifices, le brave cycliste craquera : « J'arrête ; j'ai déjà beaucoup donné. »

UNE LUBIE DE « BOBO »

Avril 2013. Réunion hebdomadaire de l'Union des démocrates et indépendants (UDI), un parti créé par Jean-Louis Borloo pour rassembler la famille centriste, et qui espère séduire une partie des électeurs écologistes. Dans cet immeuble parisien qui abrita autrefois les réunions homériques du Parti radical d'Édouard Herriot, une petite centaine d'adhérents prend place sur le parquet verni pour évoquer le thème du jour, la politique des transports. Une conseillère régionale critique la municipalité socialiste : couloirs de bus trop larges, suppression des places de stationnement, tramway trop cher, etc. Vient le moment de parler vélo. « C'est une très bonne idée, c'est bon pour la santé », lâche l'élue, qui se décrit elle-même comme cycliste, avant d'affirmer : « Le vélo s'adresse à une élite. » Bientôt, les participants se mêlent à la discussion, et chacun y va de son anecdote caricaturant la bicyclette comme « transport de riches ».

Le vélo serait ainsi l'outil des privilégiés, ceux qui ne connaissent pas la vraie vie, qui ne mettent jamais les mains dans le cambouis, au contraire du peuple qui souffre et sait cultiver la joie simple d'une route nationale avalée à 115 km/h. Cette opposition entre cyclistes privilégiés et automobilistes victimes est devenue un lieu commun. En Pologne, un élu d'un petit parti de droite qualifie ainsi les cyclistes de « jeune aristocratie ». Quelques jours avant le premier tour de l'élection présidentielle de 2012, alors que ses rivaux organisent des meetings place de la Concorde et au bois de Vincennes, la candidate Marine Le Pen fustige « les bobos venus après le brunch au spectacle de la Concorde, avant de filer en Vélib' à Vincennes voir si François a une cravate plus cool que Nicolas. À moins que la séance de yoga ne les oblige à renoncer à ces festivités ». Lorsque Manuel Valls, alors ministre de l'Intérieur, s'était prononcé, avant de changer d'avis, contre l'abaissement de la vitesse autorisée sur le périphérique parisien, il prenait la défense des banlieusards contraints de modérer leur vitesse afin que les riches Parisiens puissent profiter de l'air pur sur leur bicyclette.

Aujourd'hui, dans les grandes villes de France, le « transport de bobos » l'emporte sur les autres caricatures. L'auteur de cet ouvrage s'est habitué à découvrir, sur son blog dédié aux transports, les commentaires ironiques, méprisants, sarcastiques ou hostiles qui ponctuent systématiquement les articles consacrés à la bicyclette. L'objet serait dangereux pour la société tout entière et son développement procéderait d'une pensée « bobo écolo » forcément néfaste, voire d'un « totalitarisme escrolo-gauchiste » (sic). Pour appuyer cette assertion, les « khmers verts » et les ayatollahs sont régulièrement convoqués au tribunal de l'histoire.

On peut parler de « point bobo », trophée analogue au « point Godwin ». L'avocat américain Mike Godwin l'a constaté : sur Internet, à court d'argument, on coupe la conversation en évoquant Adolf Hitler, le régime nazi ou l'extermination des juifs. L'apparition d'un « point Godwin » est fortement corrélée à l'intensité de la discussion, à l'incapacité de concilier les arguments échangés et au degré d'agacement des participants. Or, évoquer les déplacements à vélo expose fortement à l'apparition d'un « point bobo ».

Le « bourgeois-bohème », étrange objet sociologique indéfini apparu à New York dans les années 1990, qualifie la « petite bourgeoisie intellectuelle[40] ». Ces personnes disposent à la fois de diplômes, de revenus corrects et de repères intellectuels, tout en votant (modérément) à gauche. Même si son

[40] Selon la géographe Anne Clerval, citée par Wikipédia.

usage irrite les universitaires, le terme « bobo » s'est répandu dans les médias et dans les conversations quotidiennes. Alternativement, selon les circonstances, le bobo remplace le « bourgeois » honni ou désigne l'intellectuel qui se prend au sérieux. On y substitue à l'occasion le terme « bisounours », du nom de ces ours en peluche de toutes les couleurs qu'adorent les enfants, pour stigmatiser la naïveté.

Le bobo, au fond, c'est celui qui a plus d'argent, plus de facilités, qui parle comme un livre ou s'exprime par écrit, celui que l'on jalouse un peu. Le bobo se soucie davantage de son corps que de son héritage, préfère les légumes de saison à la friture, boit de l'eau gazeuse et non des sodas, privilégie l'être à l'avoir. Le bobo, c'est tout cela à la fois et aussi son contraire, mais au fond peu importe. Invoquer le bobo, c'est demander un peu de respect. Chacun étant bien entendu le bobo de quelqu'un d'autre.

Dans l'imaginaire collectif, comme le corroborent Thomas Legrand et Laure Watrin[41], le bobo cycliste habite le centre-ville, dans ces quartiers autrefois populaires où l'on trouve désormais des magasins de décoration, des écoles privées et où les gargotes d'antan se sont transformées en restaurants trop chers et pas bons. Dans ces quartiers, point de culture automobile : lorsqu'un quidam assure qu'il va devoir « changer de plaquettes la semaine prochaine », on l'imagine atteint d'une grave maladie du sang. Le bobo cycliste, soucieux de l'avenir de la planète, voudrait imposer son mode de vie aux autres. Individualiste mais bien-pensant, il serait parfaitement incapable d'imaginer ce que subissent les personnes qui vivent loin et sont obligées de prendre leur voiture tous les jours. Ainsi, de véhicule du pauvre, le vélo du bobo devient, par un extraordinaire renversement de situation, un véhicule de riche.

[41] Thomas Legrand et Laure Watrin, *La République bobo*, éditions Stock, 2014.

Comme les autres poncifs, le « vélo du bobo » ne dit rien d'autre que le message suivant : « Cet objet est fait pour les autres, pas pour moi. » La bicyclette serait d'ailleurs adaptée à une certaine « mentalité ». Les Danois et les Néerlandais, peut-être aussi les Allemands, seraient intrinsèquement, voire génétiquement, différents des Européens du Sud. En Angleterre, on raille ces *Bicycle monarchies* où les souverains se déplacent à vélo. Ne pas pédaler ferait presque partie de l'identité locale. Et il serait sain de se méfier de l'étranger qui voudrait imposer ses lois chez nous. Le vélo est le véhicule de l'autre.

UN OBJET RIDICULE

À Soissons (Aisne), 30 000 habitants, les administrateurs d'une pépinière d'entreprises discutent des aménagements de leurs futurs locaux. Lorsqu'un participant propose d'installer un parking réservé aux cyclistes, l'assistance éclate de rire. À Bergerac (Dordogne), cela fait longtemps que l'office du tourisme n'avait pas entendu une demande aussi saugrenue. « Si on peut louer un vélo ? Mais on n'a pas de Vélib' ici, la ville est bien trop petite ! », s'esclaffe la dame au téléphone. Son interlocuteur, qui doit participer à une conférence, vient d'apprendre que son hôtel est situé dans une zone commerciale éloignée du centre. Il voulait juste savoir comment se déplacer.

Lorsque Delphine Batho, alors ministre de l'Écologie, prépare, en mai 2013, des mesures visant à encourager les salariés à se rendre au travail à vélo, Jean-Eudes du Mesnil du Buisson, secrétaire général de la Confédération générale des petites et moyennes entreprises (CGPME), lâche au *Figaro* : « Nous avons cru à un gag. Nous avons actuellement d'autres préoccupations que l'usage de la bicyclette[42]. »

[42] Charles Gautier, « Delphine Batho prépare un plan vélo avec les entreprises », *Le Figaro*, 23 mai 2013.

Dominique Lebrun, ancien coordonnateur interministériel pour le vélo, confiait la perplexité qu'il provoquait dans les couloirs du ministère des Transports : « Certains m'abordent, goguenards, en faisant mouliner leurs mains : "Alors, ça pédale ?" » Début 2016, sa successeure, Sylvie Banoun, est confrontée à un scepticisme équivalent lorsqu'elle organise des réunions de concertation sur le vélo et la marche. Dans les collectivités, les chargés de mission sont souvent confrontés à des remarques similaires.

Lorsque le ridicule ne le tue plus, le vélo est un objet détesté. La scène se passe à Neuilly-Plaisance (Seine-Saint-Denis). Comme presque tous les jours, un jeune père de famille remonte la rue qui mène à l'école maternelle sur son « vélo-cargo », une bicyclette dotée d'un baquet à l'avant. Ses deux enfants sont assis dedans. Derrière lui, un automobiliste, seul dans son habitacle, s'impatiente, klaxonne, s'agace. « Votre véhicule est problématique », lance-t-il au cycliste. Une scène équivalente se produit à Paris, dans une petite rue du 10e arrondissement. Un automobiliste tient à dépasser un vélo, alors même qu'un feu ralentira les deux véhicules quelques dizaines de mètres plus loin, et lâche : « C'est une route pour les voitures ! »

L'hostilité, voire la haine, s'épanche à la radio, sur les plateaux de télévision, dans les journaux, sur les réseaux sociaux. À New York, le 31 mai 2013, quelques jours après l'installation, par le républicain Michael Bloomberg, alors maire, des « Citi bikes », les Vélib' new-yorkais, le *Wall Street Journal* se fend d'un éditorial au ton enragé : « Le plus grand danger de la ville, ce ne sont pas les taxis mais les cyclistes. » Les vélos en libre-service sont l'œuvre d'un « gouvernement totalitaire », poursuit le quotidien financier. En novembre 2013, un hebdomadaire conservateur britannique évoque les cyclistes « bouffis de suffisance et aveuglés par leur colère[43] », qui « n'ont pas les moyens de s'offrir une voiture » et « se faufilent dans le trafic avec un air supérieur ».

L'hostilité se poursuit parfois sur la route. On ne peut certes pas parler de « guerre », au-delà des frictions quotidiennes et de quelques éclats. Il n'empêche que quelques faits divers confirment l'hypersensibilité des humains contemporains lorsqu'il est question des transports quotidiens. À Norwich, au Royaume-Uni, une automobiliste se vantait, le 19 mai 2013, de ses méfaits. « Voilà, j'ai renversé un cycliste tout à l'heure. J'ai le droit de passer, il ne paie même pas d'impôt pour construire les routes. #salauddecycliste », a-t-elle lâché sur le réseau Twitter[44].

En janvier 2013, le tribunal d'Avignon convoque trois jeunes gens désœuvrés, prénommés Vincent, Thomas et Michaël, auteurs d'une mémorable virée motorisée, en juin 2012. Les trois gaillards, après un barbecue et un après-midi passé dans leur canapé devant le grand prix de Formule 1, avaient sillonné la campagne vauclusienne en voiture, à la recherche de cyclistes qu'ils visaient d'un pistolet tirant des billes en plastique. « Le scénario se répète à Vaison-la-Romaine ou Saint-Saturnin-lès-Avignon : à la vue de cyclistes, Michaël ralentit, ses copains sortent les armes et tirent. Puis ils partent en riant[45] », rapporte le journal régional. Interrogés par la police, les trois copains déclarent « ne pas aimer les cyclistes car ils roulent de front et gênent les voitures ».

Des scènes de ce genre se déroulent régulièrement, notamment en France et au Royaume-Uni. Ainsi, un homme à vélo plus rapide qu'un homme dans sa voiture, ce serait une provocation. Le potentiel du moteur, qu'il est rare

[43] Rod Liddle, *The Spectator*, 9 novembre 2013 ; traduction du *Courrier International.*

[44] Rapporté par Amandine Schmitt dans *Le Nouvel Observateur*, 22 mai 2013.

[45] Laprovence.com, 16 janvier 2013.

de pouvoir exploiter pleinement, surtout en ville, provoque des frustrations.

Ce genre de confrontation brutale est presque toujours un débat « entre hommes », une explication « franche », un choc viril mais (pas toujours) correct. Les femmes n'y ont pas leur place. En selle comme à pied, elles subissent parfois des sifflements, moqueries et propos salaces. Certains extrémistes, inspirés par des idéologies religieuses, dénient même aux femmes le droit de monter sur un vélo. Au début du XXe siècle, en Europe, au moment où la bourgeoisie découvre ce moyen de transport, quelques esprits retors jalousent la liberté qu'il confère aux femmes. Elles y trouveraient un plaisir licencieux, imaginent même les plus tordus. Le vélo serait-il un instrument de liberté, y compris sexuelle ? En tout cas, la bicyclette dérange les religions. En 2009, la ville de New York a dû renoncer à un projet de piste cyclable dans le quartier juif hassidique de Williamsburg, à Brooklyn. Les autorités religieuses s'opposaient à ce que leurs fidèles puissent, à l'occasion, croiser des personnes de sexe opposé partiellement dévêtues...

UN DANGER PUBLIC

En février 2013, à Montpellier, Pierre Bousquet de Florian, alors préfet de l'Hérault, se dit « frappé de voir le nombre de cyclistes qui empruntent les sens interdits ou les voies de tramway ». Le préfet annonce que « ces imprudents seront désormais "verbalisés avec vigueur" », peut-on lire dans *Midi Libre*[46]. Et le commis de l'État évoque une série d'accidents survenus dans la capitale du Languedoc, dont un mortel. L'image est solidement ancrée : le vélo, c'est dangereux. Au

[46] *Midi Libre*, 16 février 2013.

fond, cet humain sans protection qui se déplace relativement vite et sans carrosserie n'en finit pas d'étonner. Le cliché revient souvent, au comptoir d'un bistrot, à un pique-nique entre amis ou dans le bureau d'un aménageur ou d'un élu. Demandez à des Parisiens combien de cyclistes sont morts dans la capitale en un an. La plupart donneront un chiffre compris entre 20 et 50 ; certains répondront « 100 » voire « 1000 ». Or, la réponse est précisément la suivante : « en moyenne 3, certaines années 0, et le record, enregistré en 2009, est de 6 ».

Une anecdote racontée par le militant Abel Guggenheim fait état de cette même appréhension[47]. On vient d'installer une piste cyclable devant une école. Des parents d'élèves, inquiets, demandent l'érection d'une barrière entre le trottoir et la piste sous le prétexte que « le vélo peut être dangereux pour les enfants ». Jusque-là, entre le trottoir et la rue où circulent des voitures à 50 km/h, personne n'avait songé à placer une barrière.

Danger or not danger

Le danger existe, le nier serait une erreur. Si l'on s'en tient au nombre de passagers tués par 100 millions de kilomètres, le vélo apparaît comme huit fois plus dangereux que la voiture et légèrement moins risqué que le déplacement pédestre[48]. Le deux-roues motorisé est quant à lui cinq à dix fois moins sûr que le vélo, tandis que le bateau, le bus, l'avion et surtout le train apparaissent, de loin, comme les moyens de transport les plus sûrs.

Monter sur un vélo, à la lecture de ces chiffres, c'est donc prendre un certain risque. Mais cette comparaison est

[47] Le 19 mars 2013 à la journée du Club des villes cyclables.

[48] « Transport safety performance in the EU. Statistical review », Conseil européen pour le transport routier, 2003.

artificielle. L'usage de ces moyens de transport, ainsi que le nombre de kilomètres parcourus, diffère sensiblement : il est plus facile de se déplacer sur un scooter que sur un vélo, et on l'utilise donc pour de plus longs trajets.

En outre, le péril est généralement mal perçu. Comme le résume un document de la FUB, « le vélo est dangereux et n'est pas dangereux[49] ». Tout d'abord, cela relève de l'évidence mais il vaut mieux le rappeler, ce n'est pas le cycliste lui-même qui est dangereux, c'est l'environnement dans lequel il évolue. La vitesse, le poids et le volume des voitures, motos ou camions constituent des menaces. Le vélo en soi est en revanche peu dangereux. Il arrive bien sûr que des cyclistes se blessent en tombant, bousculent, voire renversent des piétons, mais ces accidents demeurent relativement rares et leurs conséquences sont limitées. À Paris, en quatre ans, entre 2006 et 2009, une seule personne est décédée après avoir été renversée par un cycliste. Dans la même période, une quinzaine de cyclistes ont été mortellement touchés par des véhicules motorisés.

Par ailleurs, la perception du risque est faussée. On s'inquiète volontiers pour la femme qui pédale sur une avenue encombrée, de nuit, sous la pluie. Or les accidents mortels touchent bien plus les hommes que les femmes, concernent davantage les campagnes que les villes et se produisent le plus souvent de jour, par beau temps. En France, en 2016, sur 162 cyclistes tués, 78, soit 48 %, ont été renversés en milieu urbain, et 84, soit 52 %, en dehors d'une agglomération. En revanche, 84 % des blessés ont été accidentés en ville. Pour résumer à gros traits : le sportif du dimanche, cuissard en lycra, maillot bariolé et casque profilé, court un risque beaucoup plus élevé que la salariée nantaise qui enfourche un Bicloo, cheveux au vent, pour se rendre au bureau.

[49] « Accidentologie cycliste », *Vélocité* n° 104, février 2010.

Enfin, les pays où la part modale est la plus élevée sont aussi les plus sûrs. En mai 2013, la fédération ECF a établi pour chaque pays de l'Union européenne un « indice de sécurité[50] » en divisant le nombre de tués par le nombre de cyclistes. Sur le podium figurent la Suède, la Finlande et les Pays-Bas, suivis du Danemark. Dans ces pays, la part modale du vélo atteint respectivement 17 %, 13 %, 32 % et 19 %. Inversement les pays les moins sûrs, Chypre, le Portugal, le Luxembourg ou la Lituanie, font partie de ceux où la part modale est la plus faible, à l'exception du pays balte, où l'on dénombre 5 % de cyclistes.

Selon un document de la FUB, aux Pays-Bas et au Danemark, on déplore une vingtaine de tués par milliard de kilomètres parcourus, alors que ce chiffre s'élève à environ 30 en Allemagne, 80 en France ou encore plus d'une centaine aux États-Unis. Comme le résume, encore, la FUB, « plus il y a de cyclistes, moins ils ont d'accidents[51] ». Enfin, une autre étude portant sur 107 pays révèle que le nombre de personnes tuées à vélo ou à pied est proportionnel à la consommation de carburant par les véhicules motorisés[52].

Cela s'explique aisément. Les cyclistes contribuent, par leur présence même, à ralentir la circulation. Plus ils sont nombreux, plus ils amènent les automobilistes et motards à lever le pied. De plus, dans une ville cyclable, on s'habitue à la présence de cyclistes, on sait qu'il est possible d'en croiser. On les « calcule ».

[50] www.ecf.com/wp-content/uploads/ECF-cycling-barometer-2013-technical-document.pdf

[51] Dans un document Powerpoint intitulé « Vélo et sécurité routière » datant de septembre 2007.

[52] Geetam Tiwari (Indian Institute of Technology, New Delhi, Inde), dans Utrecht fiets.

Double sens sécurisants

Au Japon, à vélo, on peut depuis longtemps emprunter une rue en sens unique, à contresens de la circulation générale. La même possibilité a été accordée en Belgique ou aux Pays-Bas, puis en France en 2010, dans les zones limitées à 30 km/h ainsi que dans les « zones de rencontre », des espaces dont le nom énigmatique cache le fait que la vitesse y est limitée à 20 km/h et que les piétons sont prioritaires. Souvent raillés, critiqués, incompris, les « doubles sens cyclables » évitent les longs détours. « C'est dangereux. Cela force les automobilistes à freiner brutalement », entend-on souvent. Plusieurs tests montrent qu'il n'en est rien. Ainsi, pour généraliser les doubles sens, la France s'est appuyée sur une expérimentation menée pendant cinq ans à Illkirch-Graffenstaden, dans la banlieue sud de Strasbourg. Dans les 25 rues en contresens cyclable, il ne s'est produit aucun accident corporel impliquant un cycliste.

D'autres études menées après 2010 ont confirmé ces observations. La Ville de Paris, où l'on dénombrait 215 kilomètres de voies converties au double sens en 2012, a publié un bilan[53] basé sur les procès-verbaux d'accidents recueillis dans sept rues de différents quartiers de la capitale. Sur ces voies, on circule davantage à vélo qu'avant. Les accrochages, en revanche, ne sont pas plus nombreux. On en a dénombré respectivement 30 et 42 les deux années qui ont précédé la mise en place des aménagements, et 30 l'année qui a suivi. Même constat à Toulouse en 2013 : dans les rues en double sens, notamment dans l'hypercentre, « très peu d'accidents ont été observés. Et il n'y en pas davantage qu'avant[54] », peut-on lire dans *La Dépêche du Midi*.

[53] Bilan de la mise en place des doubles sens cyclables à Paris, Ville de Paris, 15 mars 2012.

[54] « Contresens cyclable pas dangereux », *La Dépêche du Midi*, 15 mai 2013.

Le quotidien constate également que « dans les zones limitées à 30 km/h, les accidents, rares, sont en baisse continue depuis 2006 ». Jean-Luc Névache, qui fut délégué interministériel à la sécurité routière, a résumé la situation en quelques phrases : « Les automobilistes considèrent ces voies comme dangereuses. C'est inexact. Certes, il est inconfortable pour une personne en voiture de croiser un cycliste. Mais cela l'amène à ralentir, et, en conséquence, cela limite le risque d'accident[55]. »

Angle mort et point aveugle

En ville, une partie non négligeable des accidents graves sont provoqués par des véhicules lourds, camions ou bus. Le conducteur tourne, à droite ou à gauche, sans voir qu'un cycliste s'est pratiquement collé à son véhicule. Le choc n'est pas frontal, mais latéral, et n'en est pas moins violent. Toutes les associations de cyclistes, l'ADFC à Brême, le Fietsersbond à Utrecht, la FUB à Paris, Cycle Campaign Network à Londres, où l'on déplore chaque année une quinzaine d'accidents mortels, dénoncent les « angles morts », ces « points aveugles » situés à l'arrière et à côté du véhicule. La Ville de Paris organise des sessions de sensibilisation et a installé des rétroviseurs supplémentaires sur les camions municipaux. Mais le sujet est controversé. Pour Alexis Coussement, membre du conseil d'administration de la Ligue contre la violence routière de Paris, « c'est au plus gros usager de faire le plus attention ». Pour lui, il suffirait de limiter la vitesse maximale autorisée pour réduire le nombre et la gravité des accidents.

[55] Le 26 janvier 2012, lors des Rencontres nationales du vélo.

Chapitre 3

LA PLUS BELLE CONQUÊTE DE L'HOMME

Moyen de transport individuel, le vélo est un « mode actif », expliquent les spécialistes, c'est-à-dire un transport individuel qui utilise la force de l'individu qui se déplace. Cet objet robuste fait un bien fou, et d'abord à celui qui s'en empare. Pédaler, c'est une affaire de plaisir, de santé et de tranquillité. Comme le cheval en son temps, le vélo est la plus belle conquête de l'homme. Mais ce n'est pas seulement un moyen de transport, c'est aussi un objet d'étude. Parler vélo, c'est convoquer des urbanistes et des techniciens, ainsi que des géographes, des économistes et des sociologues, des médecins, des statisticiens, des historiens ou des psychologues, des informaticiens et des spécialistes des neurosciences, des prospectivistes, et puis tout simplement des gens qui se déplacent tous les jours. Une vraie question de société.

EN FINIR AVEC LA GALÈRE

Galère rime avec RER : attente sur un quai bondé, promiscuité, longs couloirs à parcourir en suivant docilement la foule, retards récurrents, pannes de signalisation, « accidents graves de voyageurs », grèves, manque d'information, etc. Sur la route, ce n'est pas mieux. En milieu urbain, la vitesse moyenne ne dépasse pas les 20 km/h. Certes, on peut rouler ponctuellement, pendant quelques centaines de mètres, à 50 km/h, voire, sur certains axes, à 70 km/h. Mais il faut s'attendre à freiner brusquement, ou se détourner, éviter un obstacle. Pour arriver à destination, l'automobiliste revient en arrière, à la recherche d'une place de stationnement, et s'agace contre les autres usagers. S'il opte pour le parking souterrain, il doit s'extraire de l'habitacle, arpenter des couloirs entre musique d'ascenseur et relents de gaz d'échappement, monter des marches de béton, trouver la sortie.

Pourquoi ne pas remplacer le mode lourd, quand c'est possible, par un trajet à vélo ? Entre deux gares de RER, en Île-de-France, la distance n'excède pas quelques kilomètres. Le cycliste, libre comme l'air, roule directement vers son but, sans détours, et, une fois à destination, accroche sa monture à un poteau. Il connaît parfaitement la durée de sa course. Pour le supermarché, ça sera 15 minutes, la gare, 25 minutes, la plage, 10 minutes.

Comme le souligne opportunément le slogan imaginé par le fabricant néerlandais de GPS Tom-Tom, qui s'adresse aux automobilistes : « *You are not stuck in traffic, you are traffic.* » (« Vous n'êtes pas bloqués dans les embouteillages, vous êtes les embouteillages. ») Des militants de la Velorution[56] et de

[56] Nom d'une manifestation puis d'un mouvement créé en France dans les années 1970 et aujourd'hui présent dans plusieurs villes.

la Masse critique[57] réutilisent ce leitmotiv et y ajoutent ces quelques mots : « *Get a bike. Break free.* » (« Prenez un vélo ; libérez-vous. »)

Que l'on mesure le gain de temps en stress évité, en loisirs supplémentaires ou en argent économisé, on aboutit aux mêmes conclusions. Une étude réalisée dans la ville d'Alkmaar (93 000 habitants, au nord d'Amsterdam)[58], a montré qu'une augmentation de 10 % du trafic cycliste entraînerait une réduction de 15 % du nombre d'heures perdues chaque année dans la congestion automobile.

La métaphore de l'ascenseur

Madame Ascenseur et Madame Escalier travaillent dans le même service, au cinquième étage d'un anonyme immeuble de bureaux. Tous les matins, elles passent la porte du bâtiment à la même heure. La première monte dans l'ascenseur, la seconde emprunte l'escalier de service. Madame Ascenseur se convainc qu'elle sera en haut avant sa collègue. En pratique, pourtant, elle doit attendre que les portes se ferment, patienter si d'autres salariés montent dans la cabine, appuyer sur le bouton. Lorsque finalement la machine se met en branle, Madame Escalier a déjà franchi un étage et demi. Et l'ascenseur, très demandé à cette heure-là de la matinée, s'arrête pratiquement à chaque étage. Des salariés y montent ou en descendent, et certains d'entre eux bloquent la porte quelques secondes pour terminer une conversation ou

[57] Né dans les années 1970 à San Francisco, ce mouvement – *Critical Mass* en anglais – affirme que les cyclistes, à condition de former une masse, peuvent peser sur les politiques urbaines. La démarche a été reprise un peu partout, notamment en France sous le nom de « Masse critique ».

[58] Étude réalisée par Otto van Boggelen et Jos Hengeveld, du centre d'étude sur le vélo Fietsberaad, en mars 2010.

fixer un rendez-vous. Pendant ce temps-là, Madame Escalier grimpe les marches sans se presser. Madame Ascenseur arrive enfin à destination, les portes s'ouvrent et qui voilà ? C'est la collègue, même pas essoufflée, qui s'installe à son poste de travail.

UN PLAISIR REDOUTABLE

Se déplacer est une activité qui comporte deux faces. La contrainte peut vite se transformer en plaisir, et inversement. Les dictatures limitent généralement la liberté de voyager, aussi bien à l'intérieur du pays, par des barrages ou des permis de visite, qu'à l'extérieur, par des gardes-frontières et des miradors. À l'inverse, dans nos sociétés occidentales, se déplacer souvent et loin signe opulence et ouverture d'esprit. On va même jusqu'à faire du voyage, et du transport en général, une « liberté » érigée bien haut dans le firmament des libertés humaines, voire des droits de l'homme. On remarquera l'ambiguïté sémantique entre « la libre circulation des personnes », un fondement de l'Union européenne, et la « liberté de circuler » qui serait intrinsèquement attachée à la propriété d'un véhicule motorisé.

Au-delà de l'agrément lié à l'objet du périple, le déplacement lui-même procure du plaisir. On jouit du mouvement, on regarde défiler le paysage, on laisse divaguer ses pensées. Nous connaissons tous la griserie de la vitesse, un thème récurrent en littérature ou au cinéma : conduire un modèle automobile qui a du répondant sur une nationale droite et sèche, enchaîner les virages sur une route de montagne, monter dans un train pour une destination connue ou inconnue, prendre l'avion à l'assaut d'un nouveau continent, enfourcher sa moto pour traverser la planète ou... le périphérique, pédaler à un bon rythme et sans souci, voire mettre un pied devant l'autre, simplement, pour visiter une ville. Même le transport collectif et quotidien peut être un moyen de lire tranquillement ou de se ressourcer.

Le plaisir de se déplacer peut toutefois être entravé. Le voyage traîne en longueur, nécessite une attention soutenue, fatigue les muscles ou les nerfs, ne se déroule pas comme prévu. Les obstacles sont contrariants : contrôles tatillons à l'aéroport, passagers racontant leur voyage ou leurs tracas à leur téléphone portable, retards récurrents, et bien sûr les encombrements et difficultés pour se garer, entraînant de délicieuses scènes de ménage dans l'habitacle.

Dans ces conditions, la fameuse « liberté de circuler » se réduit comme une peau de chagrin et l'agrément tourne à l'aigreur. Pour que le voyage reste, autant que possible, un plaisir, il faut choisir le véhicule le plus adapté au trajet. Parcourir cinq kilomètres au volant – ou comme passager – d'une voiture roulant au pas, c'est frustrant, inutile et agaçant.

Parcourir la même distance sur une selle, surtout si, comme dit la chanson, « à vélo on dépasse les autos », ce peut être un plaisir redoutable. À l'air libre, insouciant, on domine la jungle d'une tête. On respire plus régulièrement, on hume l'odeur d'un café ou des fruits à l'étal d'un commerçant, les senteurs des arbres, le parfum des passants... Et pour éviter les gaz d'échappement, il suffit de passer devant les voitures ! Débarrassé de carrosserie, on observe les façades, les rues, les gens. Libre, on nage littéralement dans la ville. La nuit, de retour de soirée, une jeune femme est moins souvent sifflée ou ennuyée lorsqu'elle est en selle que si elle déambule à pied.

GAGNER DES VIES

La santé, surtout la santé. Nous craignons tous la maladie. Les pouvoirs publics aussi. Comme tous les peuples riches ou en passe de le devenir, les Européens mangent mal et trop, sont gagnés par l'obésité, risquent des accidents vasculaires cérébraux, développent des cancers ou sombrent dans la dépression. L'assurance contre la maladie, l'une des fiertés du continent européen, pèse sur la dette. La santé des enfants et des adultes est donc un investissement. Les seniors de demain, moins souvent malades, coûteront moins cher.

Pour se maintenir en bonne santé, tous les slogans officiels le proclament, il faut manger davantage de légumes que de médicaments. Et surtout, bouger. « On a longtemps pensé que la seule solution consistait à faire du sport, sinon à outrance, du moins très régulièrement. L'ennui, c'est que cela ne plaît ni ne convient à tout le monde[59] », peut-on lire dans la revue *Ville & vélo*. Mais il n'est pas interdit aux spécialistes de la santé d'avoir des idées géniales : « Il serait plus facile de réintégrer l'activité physique dans la vie de tous les jours », ont-ils proclamé. Désormais, on prône la marche, le vélo, et tous les moyens de déplacement que l'on a fini par baptiser « modes actifs ».

La pratique du vélo, ne serait-ce qu'une demi-heure par jour, bénéficie énormément à l'organisme. Ce n'est pas un hasard si les footballeurs et rugbymen blessés se remettent au sport, après une opération, en commençant par le vélo. Les scientifiques ont recensé les nombreux atouts de cette activité : elle limite le « risque de sédentarité susceptible d'accroître l'exposition aux maladies cardio-vasculaires, à l'obésité, au diabète, à l'hypertension et à certains cancers[60] ». La pratique du vélo, comme toutes les activités endurantes, produit en outre des endorphines, accroît la capacité de concentration et se révèle excellente pour le

[59] Arlette Ferraris-Chabrol, « Les bienfaits du vélo pour la santé : une évidence enfin reconnue », *Ville & vélo*, n° 46, septembre/octobre 2010.

[60] Institut de recherche biomédicale et d'épidémiologie du sport, 2008 ; Institut national de la santé et de la recherche médicale (Inserm).

moral[61]. Les autorités en charge de la santé ne considèrent plus le cyclisme comme risqué, mais lui reconnaissent un effet bénéfique : ne pas faire de vélo, c'est dangereux pour la santé.

Ivre, virgule, tu préféreras le guidon au volant

L'alcool, ingurgité à doses plus ou moins massives, brouille la vision, limite la capacité de réaction, amoindrit les réflexes. Lorsqu'on se déplace, cela peut être périlleux... Mais le degré de dangerosité n'est pas le même selon les modes de transport. À vélo, on peut se faire mal en tombant. À moto ou en voiture, on peut non seulement heurter les autres usagers, mais aussi se faire mal avec son propre véhicule. Une masse de 80 ou 200 kilos, le poids d'un scooter ou d'une petite moto, que l'on reçoit sur les jambes, ne provoque pas les mêmes dommages qu'un vélo pesant 10 à 20 kilos. Les normes d'alcoolémie ne s'adaptent pas partout à cette réalité. Ainsi, en France, la limite est fixée à 0,5 gramme par litre de sang, quel que soit le véhicule. En revanche, en Allemagne, la Cour constitutionnelle considère que le danger, pour un cycliste, apparaît au-delà de 1,6 gramme, mais désigne alors le cycliste comme responsable de l'accident. En Pologne, la loi réprime sévèrement toute conduite avec la moindre goutte d'alcool dans le sang, et les contrôles sont réguliers. Même si les autorités se sont montrées récemment plus tolérantes, les cyclistes de Cracovie doivent prendre en compte cet impératif avant d'organiser leur soirée dans l'un des multiples bars de la ville.

[61] www.provelo.org/fr/rd/centre-de-documentation/velo-c-est-sante

Corinne Praznoczy, experte en santé publique, a calculé, pour l'Île-de-France, les bénéfices sanitaires d'une progression de la proportion de cyclistes[62]. Si, en 2020, 20 % des Franciliens se déplaçaient à vélo (contre 2 % aujourd'hui), 2 745 vies seraient sauvées, tout simplement parce que les habitants se porteraient mieux. On « gagnerait » également des vies grâce à l'apaisement de la circulation automobile et la baisse de la pollution atmosphérique. Revers de la médaille, les accidents de la route tueraient davantage de personnes, cyclistes comme piétons. Mais, tout compte fait, en encourageant les déplacements à bicyclette, les pouvoirs publics épargneraient des vies humaines. La chercheuse isole en outre le principal risque auquel sont confrontés les cyclistes : contrairement aux idées reçues, ce n'est pas l'accident, mais la maladie respiratoire. Dans une étude publiée en décembre 2013 par la Coordination interministérielle pour le développement de l'usage du vélo, la même chercheuse révèle que si la part modale, en France, faisait un petit bond, de 2,4 à 3,6 %, 145 décès seraient évités chaque année.

Dans nos sociétés vieillissantes, chacun veut se maintenir en bonne santé, le souffle profond et les cuisses fermes, le plus longtemps possible. Les déplacements réguliers à vélo y contribuent, d'autant que cette activité, sans heurts, ménage les articulations. Mais lorsqu'on avance en âge, le risque d'accident est plus élevé et on peut se faire très mal, explique Carmen Hagemeister, de l'université technique de Dresde[63]. Il devient plus difficile de tourner la tête, de garder son équilibre et de descendre de selle. Il suffit d'une seule mauvaise chute pour renoncer. La chercheuse allemande préconise

[62] Étude de l'Observatoire régional de santé d'Île-de-France consacrée aux risques liés à la pratique du vélo, septembre 2012.

[63] Présentation lors de la conférence Velocity, à Vienne, en 2013.

l'usage de tricycles, tout en étant consciente des obstacles à leur développement. Les véhicules à trois roues occupent en effet davantage d'espace, aussi bien dans les garages que sur les pistes cyclables, et présentent souvent l'image de véhicules « pour vieux » ou « pour handicapés ».

***Le casque obligatoire, c'est la fin du vélo*[64]**

« Et toi, tu ne portes pas de casque sur ton vélo ? » La réponse fuse : « Ben non, pourquoi, tu conduis si mal que ça ? » Silence. Faut-il vraiment obliger les cyclistes à porter un casque ? Oui, assurent les uns, vous comprenez, faire du vélo, « c'est tellement dangereux ». Non, se vexent les autres, « je tiens à conserver ma liberté ». Le débat ne porte pas sur l'opportunité de circuler avec un casque, mais sur l'obligation. Ce n'est pas la même chose. On peut se sentir en sécurité avec un couvre-chef profilé et ne pas souhaiter l'imposer à tous. Il est en revanche plus difficile d'être en faveur d'une obligation et s'y soustraire soi-même ; cela s'appelle de l'hypocrisie.

Les deux camps ne puisent pas leurs arguments dans le même registre. Les « pour » s'appuient sur des études scientifiques, voire médicales, qui disent en gros que quand on tombe de vélo, on peut se faire mal[65]*. Les « contre » font appel non seulement aux sciences « dures » mais aussi à la sociologie, voire à l'urbanisme. Le casque étant une contrainte, l'obligation d'en porter un réduit l'appétence pour le vélo.*

[64] Texte publié sur le blog de l'auteur.

[65] Emmanuelle Amoros, Mireille Chiron, Amina Ndiaye et Bernard Laumon, « Cyclistes victimes d'accidents. Effet du casque sur les blessures à la tête, à la face et au cou », Inrets, INVS, Université Claude Bernard. L'étude, qui ne conclut pas à l'obligation du port du casque, se base essentiellement sur des données épidémiologiques. Elle est disponible à cette adresse : http://hal.archives-ouvertes.fr/hal-00511698/document

Cette boutique située à 500 mètres, on s'y rendrait bien à vélo, mais s'il faut mettre le casque, alors, non, on préfère y aller à pied, en bus ou... en voiture.

Or, toutes les observations le confirment, y compris l'étude précitée : plus on compte de cyclistes dans la circulation, moins il y a d'accidents[66]*. Pas forcément en nombre, mais toujours en proportion. La présence de vélos dans une ville contribue à apaiser la circulation, à limiter la vitesse et donc à réduire l'accidentologie, celle des cyclistes, mais aussi celle des piétons et même des automobilistes. Cette conclusion devrait suffire, à elle seule, à faire du casque un objet facultatif. Aux Pays-Bas, le pays le plus sûr d'Europe, pratiquement personne, pas même les enfants, ne pédale ainsi accoutré. En Australie, à l'inverse, l'obligation du port du casque sous peine d'une amende de 25 dollars australiens (16 euros), instaurée en 1991, a fait diminuer la pratique de 30 %*[67]*.*

Par ailleurs, le lobby automobile... encourage le port du casque à vélo. Le Suédois Erik Sandblom a révélé[68] *les efforts des constructeurs Volvo, Peugeot ou Fiat, ou de la compagnie pétrolière américaine ConocoPhillips, pour contraindre les cyclistes. Le fabricant suédois a ainsi financé, aux Pays-Bas, une campagne visant à imposer le casque aux enfants. Il est arrivé à Automobile Association, l'équivalent britannique de l'Automobile Club français, de distribuer gratuitement des coques en polystyrène aux personnes*

[66] « How helmet promotion and laws affect cycle use », Bicycle Helmet Research Foundation. Étude disponible sur : www.cyclehelmets.org/1020.html

[67] Chris Gillham, Chris Rissel, « Australian per capita cycling participation in 1985/86 and 2011 », *World Transport Policy and Practice*, Volume 18.3, mai 2012.

[68] Erik Sandblom, « Car industry talks bike helmets, silent on car helmets », ecoprofile.com, 8 octobre 2012.

se déplaçant à vélo dans les rues de Londres. Mais pourquoi le lobby automobile s'intéresserait donc autant à la tête des cyclistes ? On peut échafauder trois hypothèses. Peut-être est-ce par bonne conscience, parce que parler vélo est toujours valorisant, et puis autant donner un conseil pratique qui n'engage à rien. Ou alors, les concepteurs de ces campagnes n'ont jamais enfourché un vélo ; ils imaginent que le cycliste est un être vulnérable, surtout quand ils le dépassent à 70 km/h. La troisième hypothèse est que le lobby automobile est parfaitement conscient de l'effet de ces campagnes : intimider, faire passer le vélo pour une activité rabat-joie et dangereuse.

UN AIR PLUS PUR

Le seul pays où le constructeur PSA continue à voir ses ventes progresser, c'est la Chine. Hasard ou coïncidence, les villes chinoises sont asphyxiées par la pollution, au point que les autorités limitent, à certaines périodes, l'utilisation des véhicules motorisés un jour sur deux. Bien sûr, le groupe Peugeot n'est pas responsable à lui seul de la pollution de l'air. Mais l'accroissement du nombre de véhicules en circulation ne peut que vicier encore davantage l'air ambiant.

Les véhicules propulsés aux hydrocarbures émettent un mélange de substances organiques et minérales, comprenant sulfates, nitrates, ammonium, chlorure de sodium, carbone ainsi que de l'eau. Cette matière volatile qui sort des pots d'échappement se désagrège en particules fines, indécelables, qui demeurent en suspension dans l'air à proximité des voies de circulation. Ces substances provoquent des maladies cardio-vasculaires et respiratoires, ainsi que des cancers pulmonaires. C'est l'une des principales causes de mortalité dans les villes encombrées des pays émergents.

Chacun a en tête les images du brouillard laiteux et nauséabond qui recouvre les mégalopoles asiatiques, Pékin, Delhi, Bangkok ou Djakarta.

Les villes européennes ne sont pas épargnées par ce fléau. Les résidus du diesel, un carburant que les autorités françaises continuent d'encourager fiscalement[69] en dépit de toutes les alertes sanitaires, font des ravages. Le trafic routier représente 15 % des émissions de particules en France, 25 % en Île-de-France et jusqu'à 50 % des concentrations de polluants en ville[70]. À pied ou à bicyclette, faut-il le rappeler, on n'émet aucune pollution.

On ajoutera que le vélo ne gêne ni les yeux, ni les oreilles. Un modèle automobile est une merveille admirable lorsqu'il circule, seul, sur une route dégagée et dans un paysage grandiose, sous le soleil des antipodes. Mais garées les unes derrière les autres le long des trottoirs, les voitures de tous les jours font grise mine. Et que dire de ces trottoirs et de ces places encombrés de deux-roues motorisés ! Les touristes l'ont compris, eux qui cherchent à photographier des monuments ou les scènes de rue en évitant l'apparition, sur leurs clichés, des éléments disgracieux : les fils électriques et les automobiles garées. Alors qu'un cycle appuyé contre un mur immaculé fait une si jolie image...

On n'a pas d'idées mais on a du lithium

Les voitures à propulsion électrique n'émettent pas de particules fines. C'est l'un des principaux arguments de vente des industriels, relayés par des élus complaisants. Il suffirait donc de remplacer les véhicules thermiques par des véhicules électriques pour

[69] Frédéric Denhez, *op. cit.*

[70] Audrey Garric, « Quelle est la responsabilité de la voiture dans la pollution de l'air ? », *Le Monde*, 17 mars 2014.

réduire la pollution atmosphérique. Mais le renouvellement complet du parc automobile coûterait très cher, nécessiterait d'équiper les villes en bornes de recharge et exigerait de convaincre les automobilistes de la fiabilité des véhicules. Tout ceci prendrait par ailleurs beaucoup de temps. De toute façon, pour le moment, malgré des subventions massives, les ventes de voitures électriques peinent à décoller. Annoncé tous les ans depuis la fin des années 2000, l'ère de l'électron n'est toujours pas arrivée.

Les ventes progressent certes chaque année, mais ne dépassent, en 2017, le seuil de 1 % du marché que dans deux pays d'Europe : la Norvège (17,2 %) et la France (1,2 %), au prix d'importantes subventions publiques. Au Danemark, où la politique publique d'aide à la filière a été abandonnée en 2015, les ventes ont enregistré un effondrement de 45% en 2016.

En outre, si le véhicule électrique n'émet pas de particules fines, il présente tous les autres inconvénients des véhicules motorisés : encombrement, coût, danger, cloisonnement. « Remplacer une voiture thermique par une voiture électrique, cela revient à changer de marque de cigarette[71] *», résume l'auteur californien Ozzie Zehner.*

[71] Ozzie Zehner, « Voitures vertes : un débat électrique », université de Californie à Berkeley, 23 juillet 2013.

Chapitre 4
LE POUVOIR DE LA ROUE

Au Brésil, en juin 2013, l'augmentation des tarifs de transport en commun a déclenché de violentes émeutes. Si, dans les années 1980, les classes populaires des pays pauvres se révoltaient contre le prix du pain, aujourd'hui les classes moyennes protestent contre le prix du bus. On commence à s'en rendre compte : une politique des transports ne consiste pas seulement à inaugurer de belles infrastructures qui plaisent aux élus et à 10 % de la population. Il s'agit de répondre aux besoins de tous.
Le vélo présente à cet égard de nombreux atouts. Il ne coûte presque rien, modère les dépenses publiques, « rematérialise » l'économie, limite le gaspillage d'énergie. Les pouvoirs publics ont fondamentalement intérêt à l'encourager, à la fois pour des raisons économiques, budgétaires, sociales et territoriales.

Tous les types de montures, le Brompton pliable, le hollandais élégant, le Mamachari japonais, le BMX et le VTT, le fixie dont raffolent les livreurs ultra-rapides, le fatbike aux grosses roues, mais aussi un rustique biclou, une lourde bécane, voire ces vélos à pneus pleins, ancêtres du Vélib', que l'on trouva un temps à Copenhague, font l'affaire. Tous possèdent cette extraordinaire vertu qui consiste à parcourir en 5 minutes un trajet qui en demanderait 20 à pied. Et au fond, tous les moyens de transport personnels, maniables, bon marché et qui visent à accélérer la marche, comme les rollers, la trottinette ou le skate présentent des avantages plus ou moins équivalents.

UN REMÈDE À LA CRISE

En quelques années à peine, la société a basculé. Jusqu'aux années 2000, la plupart des Européens gardaient l'espoir de progresser dans l'échelle sociale, de vivre mieux que leurs parents. Mais la tendance s'est inversée. En France, ce que les médias appellent la « crise » ne touche pas tous les ménages avec la même intensité. Dans les quartiers périurbains, les cités, les petites villes, certains foyers ressentent durement la détérioration des conditions de vie. Un divorce, une séparation, un licenciement, un changement d'entreprise ou le décès d'un proche affectent les équilibres précaires. Les factures accablent, on se met à échelonner les paiements, les démarches administratives plombent, le temps manque. Et surtout, la vie semble plus complexe qu'autrefois.

Loin des discours enflammés qui vantent la reprise économique et les perspectives de croissance, la société est aujourd'hui morcelée. On y subsiste, on se débrouille. On espère un logement, on vit à plusieurs, on court pour additionner les petits salaires, on n'espère plus d'emploi mais on se livre à des petits trafics pas bien méchants. On écume Internet à la recherche d'une bonne affaire, d'un objet de récup', on dépense les allocations en tickets de loto. Les petits plaisirs disparaissent, happés par un monde trop compliqué. Pendant que d'autres, « les riches », « les bobos », se goinfrent, s'enrichissent encore dans une société qui semble faite pour eux. On achète à un prix exorbitant, mais en ayant l'impression de faire une affaire, des appareils communicants bourrés de technologie juste parce que c'est la mode. Et on s'aperçoit, quelques mois plus tard, qu'il est impossible de les réparer, que le forfait coûte plus cher que prévu et que les automates téléphoniques ne répondent jamais à la question posée.

Les transports, qui pèsent, dans le budget des ménages, environ 15 %[72], n'échappent pas à cette complexité. On se prête une voiture, on prend des bus successifs, on monte à deux sur une vieille mobylette, on marche beaucoup. Les trajets motorisés se font astreignants, le contrôle technique plus exigeant, le carburant semble toujours plus cher[73], il est difficile de se garer, les radars sanctionnent durement et les taxes menacent. Il devient alors tentant de suivre ceux qui conspuent « la secte verte[74] » et dénoncent « le totalitarisme écolo ».

Face à cette désespérance sociale, les responsables politiques ne présentent pas tant des recettes que des stratégies. Certains rêvent de renverser la table et s'imaginent nationaliser les entreprises, d'autres jettent à la vindicte populaire des bouc-émissaires, généralement étrangers, à la peau sombre ou pratiquant une religion minoritaire. Certains, moins dangereux, misent sur des technologies illusoires ou lancent des énièmes plans pour, au choix, les banlieues, les territoires ruraux ou les régions industrielles désaffectées, en mettant, de préférence, le général Marshall à contribution. On ne cesse de soutenir des filières, de mettre en place des processus, de créer des commissions, des hotlines ou des acronymes.

Et si on faisait plus simple ? Le vélo comme « remède à la crise » : le Club des villes cyclables avait lancé ce slogan en janvier 2011. Alors que les ménages subissaient « de nouvelles hausses du budget logement et transport, au détriment d'autres postes de dépenses pourtant indispensables comme l'éducation, la santé, la culture et les loisirs », les élus engagés

[72] Dont 83 % sont consacrés à la voiture individuelle, selon l'Insee.

[73] En réalité, « l'essence à la pompe est moins chère aujourd'hui qu'il y a 30 ans », observe l'économiste Vincent Renard ; entretien avec l'auteur, 25 janvier 2013.

[74] Marine Le Pen, 12 septembre 2013, à propos de la fiscalité sur le diesel.

en faveur de politiques cyclables présentaient « des propositions pour faire du vélo un outil concret et efficace au service du pouvoir d'achat ». De fait, en revendant un véhicule motorisé, voiture ou moto, chaque foyer pourrait réaliser d'importantes économies. « Un nouvel art de vivre », résume le mensuel *Alternatives économiques*[75].

Car le prix d'une voiture est souvent sous-estimé. L'Automobile Club l'évalue, pour la France, entre 5800 et 9500 euros par an[76]. C'est un chiffre élevé, qui comprend non seulement le prix à l'achat et le carburant, mais aussi le coût de l'assurance, des révisions régulières et des réparations exceptionnelles parfois ruineuses. Le stationnement, dans un garage ou sur la voie publique, pèse sur le budget, tout comme les péages, les traversées en bateau ou les droits de passage dans un tunnel. Si l'on se fie à l'Automobile Club, le prix de la possession de la voiture augmente chaque année. De fait, les constructeurs, qui s'adressent à une clientèle aisée, proposent sans cesse de nouvelles options technologiques et conçoivent des véhicules désormais impossibles à réparer soi-même. « La voiture, c'est du rationnel et de l'émotionnel. La plupart des gens achètent des voitures dont ils n'ont pas besoin[77] », a même reconnu Carlos Ghosn, P.D.G. de Renault-Nissan.

En pratique, les automobilistes ont toutefois appris à se débrouiller. Ils font réparer leur véhicule moins souvent et ont recours aux bons offices de leurs voisins ou de sites spécialisés pour trouver des pièces détachées à un prix modéré. La possession d'une automobile, loin d'être une source de

[75] Sandra Moatti, « Mobilité urbaine : vers la ville frugale », *Alternatives économiques*, avril 2013.

[76] Chiffres présentés le 18 mai 2016.

[77] Le 7 juillet 2013 aux Rencontres économiques d'Aix-en-Provence, organisées par le Cercle des économistes, selon un tweet de @FredericPouchot, journaliste à l'AFP.

plaisir, est devenue, pour la plupart des gens, une navigation dans le monde de la débrouille.

On peut même dire que l'usage de la voiture ressemble de plus en plus à celui d'un… vélo. Une étude publiée en juillet 2013 par le Conseil national des professions de l'automobile (CNPA) [78] montre que les automobilistes boudent les garagistes. Entre 2000 et 2010, le nombre d'opérations réalisées en garage a reculé de 15 %. Chaque voiture roule moins, les trajets sont plus courts et les impératifs de sécurité routière font baisser la vitesse. Dans bien des cas, le véhicule motorisé sert à se déplacer dans un environnement proche, 5, 10 ou 15 kilomètres. Rien de bien excitant, mais indispensable.

Or, pour les trajets compris entre 500 mètres et 10 kilomètres, la bicyclette peut remplacer la voiture, quitte à l'agrémenter d'un chariot pour y transporter des courses ou des enfants, ou d'une assistance électrique pour grimper une côte ou contrer le vent. Pour un ménage, passer d'une voiture à zéro, de deux à une, voire de trois à deux, en utilisant des vélos pour certains trajets, ce n'est pas seulement un atout économique. En anglais, on appelle ça *pocketbook environmentalism*, « l'écologie du porte-monnaie ».

Enfin, on les oublie souvent, de nombreux ménages ne possèdent pas de voiture. C'est le cas de 63 % des foyers à Paris, de plus de 40 % des foyers des communes limitrophes, et cela concernait en 2014 29 % des Nantais, 35 % des Grenoblois, 37 % des Lyonnais, 42 % des Lillois. Il ne s'agit pas seulement de citadins comblés par la qualité des transports publics dans les grandes villes, mais aussi de foyers aux revenus inférieurs à la moyenne. Ainsi, à Saint-Brieuc ou à Épinal, un quart des ménages ne sont pas équipés. Et pour eux, c'est rarement un choix.

[78] Maxime Amiot, « Les automobilistes boudent de plus en plus les garagistes », *Les Échos*, 12 juillet 2013.

Répétées à plusieurs reprises, avant l'élection présidentielle de 2012, puis en 2013 ou en 2015, alors que la récession menace et que le mot « crise » envahit le paysage médiatique et politique, les propositions visant à transformer le vélo en arme sociale sont pour l'essentiel restées lettre morte. Le fumeur invétéré se plaint de l'augmentation du coût de la vie et de la dégradation de sa santé, mais il continue à griller deux paquets par jour.

En 2007, des railleries avaient accueilli Christine Lagarde, alors ministre de l'Économie, lorsqu'elle avait incité les Français à « rouler à bicyclette[79] » pour limiter les effets d'une hausse du carburant. Comment une grande bourgeoise, avocate d'affaires, qui toute sa vie professionnelle a disposé d'une voiture de fonction, pouvait-elle ainsi jouer les Marie-Antoinette ? Et pourtant...

UNE ÉCONOMIE MUSCLÉE

« Les effets indésirables du vélo ». Ce court texte, publié en septembre 2012 sur le site Carfree, qui dénonce l'addiction à la voiture, a été abondamment commenté, tweeté, partagé. Ce manifeste liste dix conséquences, ironiquement présentées comme fâcheuses, liées au choix de la bicyclette plutôt que du véhicule motorisé : « perte de poids », « ponctualité », « réduction du stress », etc. Dixième « effet secondaire », le vélo serait « mauvais pour la croissance économique ». En effet, selon Carfree, il « diminue les profits des compagnies pétrolières et des constructeurs de voitures. Or, la pollution (et la dépollution), comme les accidents de la route, participent à la croissance du PIB ». Bref, ce manifeste s'apparente à un bras d'honneur jeté à la figure des « croissancistes » dopés aux hydrocarbures. L'argument est d'ailleurs retourné

[79] Dans un entretien au quotidien *Le Parisien*, le 4 novembre 2007.

comme un gant par ceux qui craignent un effondrement de l'industrie automobile, sur le mode : « En roulant à vélo, vous mettez au chômage des ouvriers de l'automobile ! » Car la voiture ferait tourner l'économie. Les pertes des constructeurs français, les fermetures d'usines, seraient un drame pour la nation, une déroute comparable à Waterloo ou une hécatombe façon Bérézina, expliquent les chroniqueurs économiques, chiffres à l'appui. Le vélo, pauvre chose, ne générerait qu'une activité mineure ou subsidiaire, à peine davantage que le tricotage de pull-overs en poil de chèvre. Ses partisans se conjureraient pour affaiblir l'économie, promouvoir restrictions et frustrations.

La comparaison avec l'industrie automobile et ses nombreux sous-traitants, sans oublier les effets indirects liés à l'entretien d'une société basée sur le tout-automobile, est certes cruelle. La voiture, coûteuse, dépensière, consommatrice d'infrastructures, gagne à tous les coups. La bicyclette repart vaincue à plates coutures, la fourche entre les roues.

Un sucre lent

Et pourtant, la pratique du vélo crée bien de la valeur et des emplois, mais pas nécessairement à l'endroit ni au moment où on l'imagine. L'économie du cycle ne s'étale pas sur le papier glacé des magazines mais se révèle plus subtile, plus complexe que la production d'objets de luxe écoulés à coup d'intenses campagnes de marketing et de spots publicitaires puis rachetés, quelques années plus tard, à l'aide de primes. La bicyclette ne consomme pratiquement aucune subvention, à l'exception de celle qui encourage l'achat d'une monture à assistance électrique. L'économie du vélo s'inscrit dans un long terme, tel un sucre lent dans le système musculaire.

Il est assez difficile de mesurer le montant global de cette activité. Rares sont les économistes qui s'y risquent vraiment.

Consultant au bureau d'étude Inddigo/Altermodal spécialisé en « mobilités douces », Nicolas Mercat assure que « le vélo représente en France un poids économique direct de près de 4,5 milliards d'euros et emploie 35 000 personnes. Près de la moitié des impacts et des effectifs sont liés au tourisme à vélo et plus d'un tiers à l'industrie et à la distribution des cycles[80] ».

L'activité économique liée au vélo s'avère multiple, complexe, morcelée, parfois invisible. La répartition exacte entre les divers bénéfices demeure floue, mais il reste possible de les lister. En premier lieu, la fabrication constitue une industrie performante. « On y trouve un mélange de modernité et de tradition, où les fans de hautes technologies côtoient des passionnés de savoir-faire », remarque Denis Lambert, responsable du magasin Holland Bikes à Nice. La fabrication d'un vélo « nécessite beaucoup de petites mains, car le montage est très peu mécanisable. Dans une usine de vélo, on est surpris du nombre de personnes qui s'affairent méticuleusement au montage des différents sous-ensembles et à l'assemblage final. Tout est planifié, organisé avec précision dans d'immenses ateliers, donnant à l'entreprise une dimension humaine remarquable », poursuit le spécialiste.

Chaque été se tient dans la ville allemande de Friedrichshafen, au bord du lac de Constance, dans le Land de Baden-Württemberg, la foire-exposition Eurobike, où les fabricants de cycles présentent leurs nouveautés. En 2017, l'événement a accueilli 1350 exposants issus de 101 pays et 42 600 visiteurs. En 2013, la foire avait été inaugurée, en pleine campagne électorale, par la chancelière Angela Merkel. La dirigeante avait affirmé que l'Allemagne était « une nation cyclable », relevé l'importance du cyclotourisme pour l'économie et assuré que son gouvernement encouragerait

[80] Nicolas Mercat, Inddigo/Altermodal, journée d'étude de la FUB, 23 avril 2010.

davantage de personnes à pédaler. Elle s'était aussi prononcée contre l'obligation du port du casque[81]. À l'autre bout de la planète, chaque mois de novembre, l'autre événement annuel du secteur, la Bike Week, se tient à Taichung, au nord-ouest de l'île de Taïwan. Selon le site Worldometers, qui compile des documents statistiques publiés dans le monde entier, on produit environ deux fois plus de vélos que d'autos sur la planète, 100 millions contre 50 millions[82]. Toujours selon ce site, la Chine était en 2004 le premier producteur mondial, avec 58 % des cycles fabriqués.

Les producteurs de bicyclettes constituent un domaine très varié, présent dans tous les pays du monde. On relève des marques connues de tous ou des assembleurs anonymes, des fabricants haut-de-gamme tel que le Néerlandais Koga ou le Britannique Brooks, des producteurs de masse comme le Néerlandais Batavus ou B'twin de Decathlon, des artisans indépendants ou des constructeurs adossés à un grand groupe, parfois automobile comme Peugeot. Aux Pays-Bas, de nombreuses marques appartiennent à deux puissants groupes industriels, Pon et Accell.

Un marché prometteur

En Europe, il se vend chaque année autour de 20 millions de vélos neufs. Bon an, mal an, c'est un peu plus que le nombre de voitures individuelles écoulées sur le marché européen. L'Europe produit environ 12 millions de vélos, en exporte également et en importe davantage. Le pays qui arrivait en tête de la production en 2015 est l'Italie, avec 2,3 millions de cycles fabriqués ou assemblés, suivie par l'Allemagne et le Portugal. En produisant 720 000 unités, la France est huitième,

[81] Carlton Reid, « Angela Merkel opens Eurobike », Bikebiz.com, 28 août 2013.
[82] www.worldometers.info/bicycles/

derrière les Pays-Bas[83]. À l'échelle du continent, la production de vélos neufs représente 15 000 emplois, auxquels il faut ajouter le même nombre de 15 000 salariés dans le secteur des accessoires.

En France, les industriels, regroupés dans le Conseil national des professions du cycle (CNPC), une institution qui existe depuis 1890, évaluaient le marché à 845 millions d'euros en 2013. Il se vend chaque année trois millions de vélos neufs, contre deux millions de voitures neuves. Mais cette comparaison a surtout une valeur emblématique, le prix et l'usage des deux objets n'étant évidemment pas le même. Le marché français des bicyclettes neuves ne progresse pas aussi régulièrement que le développement du vélo urbain pourrait le laisser penser. C'est logique, puisque l'essentiel du marché français est constitué de montures destinées aux loisirs ou au sport. Seules 11 % des bicyclettes achetées chaque année sont estampillées « vélos de ville ». À titre de comparaison, en Allemagne, la proportion des « vélos de ville » atteint 25 %. Le vélo reste considéré, dans l'Hexagone, comme une distraction et non comme un moyen de transport.

Partout, les fabricants misent désormais sur le marché lucratif des vélos à assistance électrique, qui se vendent plus cher et présentent en outre l'avantage, de leur point de vue, de se réparer plus difficilement. Signe de l'opportunité économique que représentent les vélos équipés de batteries, certains constructeurs automobiles allemands, Daimler, BMW et Audi, flairent la bonne affaire. « Nous sommes régulièrement approchés par des industriels de l'automobile qui cherchent à se positionner sur le marché du vélo à assistance électrique », confie Nicolas Louvet, cofondateur de 6T, une entreprise de conseil spécialisée en mobilité.

[83] Ces chiffres sont publiés par la Confederation of the European Bicycle Industries (Conebi), qui siège à Bruxelles.

Les responsables politiques en prennent lentement conscience. En septembre 2013, Arnaud Montebourg, alors ministre du redressement productif, célébrait la renaissance du constructeur Solex. La marque, qui connut son heure de gloire dans les années 1960, a commencé à produire en janvier 2014 des montures à assistance électrique dans son usine de Saint-Lô.

Pour développer le marché du vélo, qu'il soit classique ou à assistance électrique, les déclarations ministérielles et les reconversions tardives de l'industrie automobile sont toutefois moins efficaces que le déploiement d'infrastructures confortables. Ces chiffres, livrés par la Conebi, le confirment : dans les pays où le vélo est reconnu comme moyen de transport, le prix d'une bicyclette neuve est beaucoup plus élevé qu'ailleurs. Comme si le consommateur ne consentait un effort financier qu'à la condition de pouvoir rouler confortablement. Ainsi, ce montant atteint, en 2015, 557 euros en Allemagne et 914 euros aux Pays-Bas; en France, il stagne à 321 euros, moins qu'en Italie (325 euros) ou en Pologne (385 euros). En 2017, les ventes de vélos à assistance électrique y ont toutefois été dopées par la prime de 200 euros octroyée à chaque acquéreur. Au sud, on préfère conserver un biclou grinçant et rouillé, ou un engin de mauvaise qualité acquis à bas prix dans un hypermarché, plutôt que d'investir dans un moyen de locomotion.

La prospérité au coin de la rue

L'économie du vélo ne se limite pas à l'objet-bicyclette. Les infrastructures génèrent elles-mêmes une activité appréciable : aménagements cyclables, pose d'arceaux, signalisation, mobilier urbain. La société Altinnova, basée dans la Loire, fabrique des abris sécurisés et des « stations services » destinées aux cyclistes. À Utrecht, aux Pays-Bas,

U-Stal vend des espaces en tôle prenant la place d'un stationnement automobile et dans lesquels on peut placer cinq vélos. À Copenhague, au Danemark, des agents de circulation cycliste sont chargés de fluidifier le trafic. Des bureaux d'étude se spécialisent dans l'organisation de la « cyclabilité » urbaine. La société Bärleinplan propose une carte de Berlin destinée aux cyclistes, constellée de points représentant la localisation des vélocistes, qui sont un peu les garagistes du vélo. Parmi ceux-ci, un commerce situé dans le quartier de Schöneberg, sur la devanture duquel figure cette inscription : *Fahrrad Doktor* (le docteur du vélo). Quand mon vélo est malade, je l'emmène chez le docteur.

Cet univers intéresse désormais des industriels qui prospéraient jusque-là grâce au tout-voiture. L'équipementier allemand – et fabricant d'électroménager – Bosch développe et produit les mécanismes qui équipent les vélos à assistance électrique, tandis que son concurrent néerlandais Philips investit le secteur de l'éclairage, pour doter les vélos de dispositifs aussi performants que ceux des motos.

Le groupe Mobivia, ex-Norauto, qui a bâti un empire sur le concept de « centre auto », une sorte de garage en libre-service intégrant un atelier de montage et de réparation, s'engage de plus en plus dans le secteur du vélo. Sous la marque Altermove, le groupe a ouvert des boutiques dédiées au « déplacement plus simple, plus économe, plus propre ». Mobivia, associé à d'autres groupes du secteur des transport, a créé Smovengo, le consortium qui a remporté le marché du Velib' parisien en 2017. Les marques Feu vert ou Decathlon proposent à leur clientèle habituelle, celle qui vient de garer sa voiture sur l'immense parking du centre commercial, des bicyclettes essentiellement destinées aux loisirs.

Au-delà de ces visées industrielles plus ou moins rentables, la transition cyclable crée des emplois locaux.

L'économie nourrit ainsi des marchands de cycles, des boutiques vendant des accessoires ou des vêtements, des ateliers de réparation, des vélos-écoles. Les ventes de vêtements constituent un secteur à part entière. Certes, pour monter en selle, il suffit, la plupart du temps, de s'habiller comme lorsqu'on se déplace à pied. Mais une part croissante de cyclistes s'habitue à rouler davantage, y compris sous l'averse ou par temps de canicule. Des couturiers, associés à des firmes néerlandaises, danoises, allemandes ou italiennes, leur dessinent des sweatshirts en fibres spéciales qui absorbent la transpiration, des surpantalons qui protègent de la pluie, des gants, bonnets, casques, etc.

Le public français suscite d'ailleurs des convoitises. Deux Néerlandais ont créé en 2002, avec le soutien de leur puissante industrie nationale, une enseigne spécifique pour conquérir la clientèle hexagonale, sous un nom qui ne prête pas à confusion : Holland Bikes. Six boutiques, auxquelles s'ajoutent environ 25 franchisés, proposent, dans les villes de France, environ 500 produits chacune, du vélo au panier en passant par les « écarteurs » à placer sur le porte-bagage pour tenir les automobilistes à distance ou les « manchons » rembourrés à poser sur le guidon pour protéger ses mains du froid. « Le vélo de ville constitue, en France, un marché à très fort potentiel » assure Bart Vos, cofondateur de la société.

Cycle et automobile, passerelles entre deux industries

Des passerelles existent entre l'industrie automobile et la fabrication de cycles. Pour tenir compte de l'augmentation du nombre de cyclistes en ville, le constructeur automobile Volvo propose en option, sur certains modèles, des détecteurs de formes humaines, piétons ou cyclistes. C'est le même phénomène qui amène le Conseil national de la sécurité routière, en France, à suggérer l'interdiction des vitres teintées, un accessoire m'as-tu-vu (ou plutôt, ne m'as-tu pas vu). Le contact visuel entre les usagers s'impose d'autant plus que les automobilistes ne sont plus seuls sur la route. Au Québec, le Canada Automobile Club, qui réunit plus d'un million d'automobilistes, propose à ses membres une assistance et un remorquage en cas d'accident ou de panne, qu'ils se déplacent en voiture ou à vélo. En Belgique, Carglass, le spécialiste du pare-brise, prête à ses clients un vélo « pour aller faire un tour », pendant que ses employés effectuent la réparation.

De leur côté, les constructeurs de cycles s'inspirent du secteur automobile. Pour prévenir les attaques de rouille que subissent leurs modèles vintage en acier, les fabricants néerlandais se fournissent en peinture auprès des sous-traitants de l'automobile, rapporte Amine Skalli, chez Holland Bikes. Plus généralement, la mise en peinture utilise un procédé électrostatique et une finition directement inspirés de l'industrie automobile. À Amersfoort, aux Pays-Bas, le fabricant Gazelle a racheté une concession en faillite et y met en scène ses produits comme les vendeurs le font avec les voitures.

Le plombier dijonnais

Le vélo est littéralement un accélérateur de l'économie existante. On se figure l'avocat strasbourgeois qui se rend à une audience, ses dossiers glissés dans son sac à dos, le vélotaxi parisien qui achemine des touristes ou l'infirmière libérale qui pédale d'un patient à l'autre. Chaque jour, en France, des centaines de facteurs effectuent leur tournée à bicyclette, même si La Poste préfère communiquer sur son engagement

« vert », à savoir ses voitures et quads à propulsion électrique. Les « hirondelles », brigades cyclistes de la police, bien connues au début du XXe siècle, avaient été progressivement supprimées. À Paris, le dernier policier cycliste était descendu de selle en 1984[84]. Mais le ministère de l'Intérieur n'a pas mis longtemps à revenir sur sa décision. Des brigades à VTT parcourent les territoires urbains depuis la fin des années 1990.

L'objet a été adopté par de nombreuses entreprises de déplacement, livraison ou taxi, ou de vente ambulante. À Dijon, un jeune plombier, Victor Garby, parcourt depuis 2010 la ville avec un triporteur. Les outils, chalumeau, analyseur de combustion, perceuse, sont répartis entre des sacoches et une caisse verrouillée, située à l'avant de son véhicule. Rapide et furtif, l'artisan sert davantage de clients, y compris dans la zone piétonne. « Bien sûr, on me demande souvent comment je fais pour transporter tout ce qui est nécessaire à la réparation des divers modèles de chaudière », témoigne-t-il. La question ne se pose pas en ces termes, selon lui. « Il est impossible de disposer, sur un vélo, des principales pièces de rechange d'un parc de chaudière. Mais on ne peut pas non plus les stocker toutes dans une fourgonnette ! » Victor Garby transporte de quoi effectuer une visite de routine, ce qui suffit dans la majorité des cas. D'autres plombiers à vélo sillonnent Toulouse, Nantes ou Paris, avec le même succès.

On voit apparaître ici ou là des systèmes ingénieux, comme Vélissime[85], une cantine itinérante qui s'installe à proximité des immeubles de bureaux parisiens, ou Velopresso[86], conçu pour le marchand d'expressos qui sillonne la ville. Ce prototype, mis au point par des designers londoniens à l'automne

[84] Yann Arthus-Bertrand et Éric Pelletier, « Le policier à VTT » dans la série « Les Français » publiée par *l'Express*, 28 décembre 2000. Disponible sur : www.lexpress.fr/informations/le-policier-a-vtt_640854.html

[85] www.velissime.fr

[86] www.velopresso.cc

2012, utilise l'énergie du pédalier aussi bien pour moudre les grains que pour faire bouillir l'eau. En France, Entreprendre vert, un collectif qui cherche à « promouvoir l'écologie à travers l'entrepreneuriat » réclame « la levée de l'interdiction de la vente ambulante d'alimentation pour les triporteurs et cycles à Paris afin de diversifier l'offre alimentaire à prix abordable et de favoriser l'activité des cycles[87] ».

Le vélo, la planète et le citoyen

Enfin, nous y voilà. Le vélo est bon pour la planète. Non, le dérèglement climatique ne constitue pas une préoccupation mineure. Au contraire. À l'issue d'une négociation qui s'est déroulée à Stockholm, en septembre 2013, le Groupe d'experts intergouvernemental sur l'évolution du climat (GIEC) a délivré un diagnostic encore plus pessimiste que les précédents[88]. L'élévation de la température moyenne n'est plus contestable, pas plus qu'on ne peut remettre en cause le fait qu'elle est d'origine humaine. Les experts du GIEC estiment qu'à l'échelle de la planète, les trois dernières décennies ont probablement été les plus chaudes depuis 1400 ans. Et cela ne fait que commencer. Les conséquences sont connues : la banquise fond, les glaciers reculent, le niveau des mers monte, les ouragans se font plus imprévisibles et violents. « La maison brûle », n'est-ce pas ? Mais nous regardons ailleurs[89]. Les transports constituent 23 % des émissions

[87] « Mémo pour entreprendre à vélo », publié en avril 2013 et disponible sur https://entreprendrevert.org

[88] Audrey Garric, « Réchauffement climatique : les experts du GIEC durcissent leur diagnostic », *Le Monde*, 27 septembre 2013.

[89] « Notre maison brûle et nous regardons ailleurs », phrase prononcée par Jacques Chirac, alors président de la République française, en ouverture de son discours lors du quatrième sommet de la Terre, le 2 septembre 2002 à Johannesburg, en Afrique du Sud.

de gaz à effet de serre en Europe, et 33 % en France, selon le ministère de l'Environnement. Cela dit, le lien entre ces prévisions cataclysmiques et le vélo ne se révèle pas évident au premier abord.

La bicyclette ne remplace en effet le véhicule motorisé que pour de courtes distances. L'essentiel des émissions de gaz à effet de serre résulte de trajets qui seraient difficilement faisables à vélo. En revanche, la sobriété et la mesure qui caractérisent la bicyclette sont bénéfiques pour le climat. Car la contribution des transports aux émissions de gaz carbonique va plus loin que le bout du pot d'échappement : l'assemblage des voitures, quel que soit leur mode de propulsion, la réalisation des routes, l'édification des transports ferrés génèrent également des gaz à effet de serre. Ainsi, le tramway et le chemin de fer ne sont pas du tout des « transports propres », si l'on prend en compte l'ensemble du cycle de vie de l'infrastructure. La voiture électrique non plus. « Une évaluation réalisée par la Royal Society of Chemistry a montré que si l'on adoptait intégralement la voiture électrique en Grande-Bretagne, cela ne réduirait que de 2 % les émissions de CO2[90] *», explique Ozzie Rehner. Quant à la bicyclette, il faut certes la construire, le cas échéant la réparer ; et les cyclistes mangent un peu plus que les autres. Mais cette contribution aux émissions délétères se limite, de temps en temps, à un café sucré, quelques tranches de saucisson, une tartine de confiture, un verre de Gevrey-Chambertin…*

[90] Audrey Garric, *op. cit.*

Hep, coursier !

Les coursiers à vélo font déjà partie du paysage urbain. À New York, Marseille, Lille ou Bruxelles, on repère ces rouleurs par tous les temps, veste synthétique fluo et sac hermétique sur le dos. Grâce à leur capacité à se faufiler partout, ils se révèlent plus rapides que leurs concurrents à scooter et flattent accessoirement la fibre écologique de leurs clients. Parmi ces derniers, on compte diverses professions « qui ont besoin de transmettre des plis ou petits colis : juristes, bureaux d'étude et cabinets de conseil, agences de pub, imprimeurs, architectes », mais aussi des structures plus grosses, « collectivités locales et organes de l'État, associations, lycées, universités », liste Thomas Vermelle, fondateur de Call Porteur, une entreprise de livraison créée à Lille en 2009.

La livraison ne s'arrête pas au courrier ou aux petits objets. Sur une bicyclette, on peut transporter des paquets pesant jusqu'à 180 kg. À Paris, Vert chez vous livre depuis 2012 des boutiques plus rapidement que ne le ferait une camionnette[91]. Cette flexibilité s'avère rentable. L'entreprise propose des tarifs plus intéressants que ses concurrents motorisés, sur lesquels pèse le coût des véhicules, du carburant et des encombrements. La Petite reine, entreprise implantée à Bordeaux, Paris, Lyon et Toulouse, se targue de transporter chaque année un million de colis et annonce « un chiffre d'affaires en croissance constante[92] ». Les fondateurs expliquent leur succès par un constat : « Les moyens utilisés pour le transport de marchandises en ville sont souvent surdimensionnés. Une camionnette de livraison pèse plus d'une tonne, elle livre en moyenne moins de 100 kg de marchandises et ne

[91] www.vertchezvous.com
[92] www.lapetitereine.com

parcourt que 15 kilomètres. » Une bicyclette équipée d'une remorque pèse 100 kg et permet d'en transporter 180.

Chacun peut en faire l'expérience, en ville, au moment où une fourgonnette de livraison s'arrête en double-file, sur le trottoir ou sur la piste cyclable, bloquant la circulation. Le livreur saute de son véhicule et ouvre la porte arrière. Les curieux qui jetteront un œil constateront que, bien souvent, le véhicule est pratiquement vide.

La puissance du muscle

À Montréal, au Canada, les transports Myette proposent des déménagements à vélo. Fondée en 2008, la société obtient un franc succès chaque année, le 1er juillet. Traditionnellement, dans toute la province du Québec, les baux prennent fin à cette date et 250 000 à 300 000 Québécois changent de logement. Myette opère dans l'agglomération de Montréal, notamment dans le quartier du « Plateau », où les rues sont moins larges qu'ailleurs, et où vivent des « bobos », caricaturés par une émission hebdomadaire de Télé-Québec. Le déménageur utilise de solides vélos tout-terrain équipés de pneus lisses et reliés par une robuste barre métallique à une remorque plate. Avec cet attirail, un déménageur expérimenté peut tirer, « sur une surface plate, jusqu'à 300 kilos[93] », indique Julien Myette, le fondateur.

Les clients sont surtout séduits par le prix : 250 dollars canadiens (180 euros) contre 350 à 500 dollars pour un déménagement en camion. « Les seuls biens domestiques que nous ne pouvons pas transporter sont les pianos », peut-on lire sur le site. La société, qui prospère toute l'année, pas seulement le 1er juillet, compte désormais 15 employés.

[93] www.demenagementmyette.ca

Effet d'entraînement, un ancien salarié de la société montréalaise a créé Toutenvélo, à Rennes, une société de coursiers qui se targue d'avoir réalisé 30 déménagements, « du simple meuble au trois-pièces ». Cette activité fait d'autres émules à Grenoble ou à Caen, tandis qu'en Suède, Move by bike opère dans les principales villes du pays. Toutes ces initiatives, au-delà de leur rentabilité, présentent un autre avantage : elles modifient radicalement l'image du vélo en ville.

Le vélo utilitaire prospère également au marché d'intérêt national de Rungis (Val-de-Marne) où les commissionnaires, chargés de négocier les prix avec les commerçants, n'envisagent pas de se déplacer autrement. Dans un espace aussi vaste, ils circulent rapidement, sans encombrer, y compris au sein même des halles où l'on vend légumes, volailles ou fleurs. Pour les mêmes raisons, le vélo est utilisé sur certains sites industriels, comme à l'aéroport de Beauvais ou même... à l'usine Peugeot à Sochaux (Doubs).

Un cycle d'investissements

Même si la plupart des vélos sont importés d'Asie, l'économie qu'ils contribuent à créer localement est recentrée, éloignée du circuit financier mondial car elle repose essentiellement sur des artisans et des commerçants locaux. C'est aussi une économie non délocalisable, une caractéristique à laquelle on prête, de nos jours, une grande valeur. Pour ces raisons, l'économie du vélo affiche « un très bon rendement fiscal pour l'État[94] », selon le cabinet Inddigo. Les infrastructures et aménagements cyclables sont fiscalement rentables : « Pour 470 millions d'euros d'investissement annuel des collectivités et moins de 10 millions de la part de l'État, les retombées fiscales annuelles du secteur sont de 564 millions d'euros

[94] Nicolas Mercat, *op. cit.*

de TVA, 56 millions en impôts sur les sociétés et 88 millions de taxes professionnelles[95] », précise le cabinet. Et cela se concrétise en emplois : « Les activités générées par le vélo présentent une forte intensité en main-d'œuvre avec plus de 9 emplois par million d'euros contre moins de 3 dans l'industrie automobile. » Cela s'explique, selon le consultant, par la part importante des services dans l'activité cyclable : accompagnement des stages de remise en selle, réparation, ou vélos en libre-service.

La principale retombée, toutefois, n'est pas liée à l'activité générée par la bicyclette, mais aux économies réalisées par l'administration de la Sécurité sociale. Toujours selon Inddigo, les quelque 4,4 milliards de kilomètres parcourus en France chaque année permettent aux services de santé d'économiser 5,6 milliards d'euros, conséquence d'un moindre recours aux services sanitaires, d'un absentéisme réduit et d'une productivité améliorée. En encourageant la pratique quotidienne, les pouvoirs publics pourraient ainsi, sans trop d'efforts, éviter une dépense de 15 milliards d'euros[96]. Manifestement, ce constat n'est pas encore compris par tout le monde. Lors de la discussion du budget de la Sécurité sociale pour 2014, à l'Assemblée nationale, des députés du « Club des parlementaires pour le vélo », siégeant sur divers bancs, à droite comme à gauche, ont présenté un amendement visant à faire financer une partie des abonnements aux systèmes de vélo en libre-service par les employeurs[97]. Cette mesure surtout symbolique, qui néglige totalement le fait que la majorité des cyclistes se déplacent sur leur propre monture, a été rejetée par le rapporteur du budget, le socialiste Gérard Bapt.

[95] Nicolas Mercat, *ibid.*
[96] Nicolas Mercat, *ibid.*
[97] « Pas d'indemnité kilométrique pour les travailleurs à vélo », Mobilicites.com, 25 octobre 2013.

Certes, a admis le député, par ailleurs médecin, « la pratique du vélo est bonne pour la santé », mais le dispositif « représenterait une charge supplémentaire pour l'employeur et une perte de recettes pour la Sécurité sociale ». L'art de passer à côté d'une bonne idée.

Chasse au gaspi

Depuis le milieu du XVIIIe siècle, la condition humaine s'est considérablement améliorée, en Occident mais pas seulement. « Une corne d'abondance géante a déversé une pluie de biens et de services nouveaux, que les manuels d'histoire attribuent le plus souvent au génie technologique humain[98] », explique le consultant et auteur Jean-Marc Jancovici. Selon lui, cet extraordinaire enrichissement s'explique non tant par les inventions successives que par les combustibles fossiles, le charbon, le pétrole et le gaz. « Conservez les neurones et supprimez les combustibles fossiles : nous serons toujours capables de concevoir des machines géniales, mais plus d'en proposer une à chaque consommateur occidental pour un prix qui n'a cessé de baisser au fil du temps », assure ce spécialiste de l'énergie. Or ces « esclaves énergétiques », comme Jean-Marc Jancovici appelle les mines de charbon et les puits de pétrole, sont en passe de se raréfier. S'il est difficile de prévoir le moment précis où se produira le « pic » de production, qui a peut-être déjà eu lieu, il apparaît que l'énergie est un bien précieux.

Mais pour le moment, tout se passe comme si le pétrole continuait d'être abondant et bon marché. Ainsi, selon l'Agence internationale de l'énergie (AIE), « 93,5 % de l'énergie consommée en 2009 pour les transports dans le monde était issue du pétrole, dans des proportions tout à

[98] Jean-Marc Jancovici, *op. cit.*

fait semblables à celles de 1973, au moment du premier choc pétrolier (94,3 %)[99] ». En 2017, selon l'AIE, cette proportion n'avait pas fondamentalement évolué.

Dans un avenir plus ou moins proche, la quantité d'énergie disponible contraindra non seulement l'activité économique ou les déplacements mais aussi le pouvoir d'achat. Car, avant de devenir rares, le pétrole et ses dérivés, ainsi que le charbon, pourvoyeur d'électricité, se vendront sans doute plus cher. Or, un trajet de quelques kilomètres est infiniment moins vorace s'il est effectué sur un objet léger et robuste, à la force de ses muscles, que s'il implique l'usage d'une tonne et demie d'acier, de plastique et de matériaux divers.

En outre, le pétrole, en Europe, est essentiellement un produit d'importation. Ainsi, l'usage du vélo favorise-t-il l'indépendance énergétique, une préoccupation qui a notamment conduit la France, dans les années 1970, à construire des centrales nucléaires.

L'obsolescence déprogrammée

Le vélo dessine une économie adaptée à tous les revenus, ce qui n'est pas le cas de l'activité liée à l'automobile. Lorsqu'on déplore une portière enfoncée ou un phare cassé, on se rend chez un garagiste, que l'on possède un modèle dernier cri ou une vieille guimbarde. Le coût d'une réparation semblera ruineux au smicard, ridicule au trader, infinitésimal au footballeur professionnel. En revanche, après avoir constaté une crevaison sur un vélo, plusieurs choix, adaptés aux moyens et au temps dont on dispose, se présentent. On peut poser une rustine soi-même, apprendre à réparer son vélo dans un atelier, s'adresser à un vélociste qui réalisera prestement le changement de chambre à air, ou faire

[99] « Les statistiques mondiales de l'énergie, et les transports », www.mvt.qc.ca, 17 octobre 2011.

appel à un réparateur à domicile, un service proposé dans de nombreuses villes.

Les ateliers de réparation connaissent, en France, un succès remarquable. Ces structures copient un modèle né en Italie, les *Ciclofficine popolari*, littéralement « les ateliers populaires du vélo ». Regroupées en France dans la fédération « L'Heureux cyclage », ces associations ou entreprises d'insertion ont investi des anciens garages ou des locaux commerciaux transformés en ateliers, et certaines œuvrent à même la voie publique, devant un lycée, une gare, ou sur la place du marché. Moyennant une petite cotisation, à peine une dizaine d'euros par an, chacun peut venir avec sa monture, emprunter les outils suspendus au mur, se faire aider par un bénévole. Il règne dans ces lieux une atmosphère de ruche. Les mains pleines de cambouis, on apprend la mécanique, on discute moyeux ou manivelles, on refait le monde, on drague un peu et, à la fin de l'après-midi, tout le monde se retrouve autour d'un verre.

L'atelier du Collectif Vélos en Ville (CVV), à Marseille, est situé dans le quartier populaire et central de Noailles. « Nous accueillons toutes sortes de personnes, hommes et femmes, de tous âges, des salariés, des gars du quartier, des enfants », explique le responsable de l'association nommé Cyril Pimentel, mais que tout le monde à Marseille appelle par son surnom, « Pada ».

Ces ateliers populaires, qui incarnent parfaitement, par leur action et leur cible, l'économie sociale et solidaire vantée par tant de discours, bénéficient parfois de l'aide publique. Des collectivités leur prêtent du personnel ou des locaux, les subventionnent ou leur permettent de réemployer ou recycler les épaves promises à la déchetterie.

Le vélo, outil de la révolution marxiste[100]

Posé en bordure du Tibre, à Rome, le quartier de Magliana est l'une de ces cités construites après la guerre pour loger les travailleurs venus du Mezzogiorno. De grands immeubles de briques abritent des logements sociaux, où vivent des familles pauvres, parfois immigrées, à mille lieux de l'atmosphère bohème et chic qui règne dans les rues du quartier de Trastevere, deux stations de train plus au nord. Au rez-de-chaussée d'un immeuble, dans des locaux conçus pour accueillir des boutiques, des militants communistes ont pris leurs quartiers : une librairie, une salle de réunion et un atelier de réparation de vélos.

La « Ciclofficina Macchia Rossa » (« tache rouge ») occupe un grand local dont personne ne paie le loyer. Ici, sous l'image d'un célèbre agitateur argentin, béret à étoile vissé sur la tête et barbe christique, diverses affiches réclament la libération d'un indépendantiste basque ou font l'apologie de la révolution. Sur la façade de la boutique ont été peints des petits vélos. Même si Che Guevara, lui, ne pratiquait pas le vélo, mais sillonnait l'Amérique latine sur sa moto.

Alessandro accueille le visiteur impromptu avec un large sourire et un café ristretto. Ce militant, qui ne veut pas donner son nom de famille ni qu'on le prenne en photo, arbore un jean porté à mi-fesses, un haut de survêtement de marque, une barbe de quelques jours, des cheveux en bataille et un discours engagé : « Nous aidons les gens du quartier à réparer leur vélo. Nous récupérons également des cycles

[100] Texte tiré d'un article publié sur le blog de l'auteur.

abandonnés. » Les montures, en état de marche, sont offertes aux plus démunis ou vendues aux enchères lors de soirées festives. On fixe une mise à prix, mais aussi un plafond, environ 50 euros, pour éviter que l'objet soit acquis par « des riches ». À la Macchia Rossa, on rejette les échanges marchands. Les mots ont leur importance. On n'est pas « volontaire », mais « activiste » ; on ne vient pas « acheter » un cycle mais l'« assembler ». L'été, à la Ciclofficina, « les gamins du quartier trompent l'ennui en apprenant à bricoler », raconte Alessandro. L'atelier se transforme alors en centre social.

Comme ses camarades, Alessandro est marxiste et revendique une filiation avec le vieux Parti communiste italien. « La bicyclette contribue à changer la société. Elle permet aux pauvres de se déplacer, de travailler et de conserver une vie sociale », assure le militant, à la manière du héros du film Ladri di biciclette[101].

Rome compte une douzaine de Ciclofficine popolari*, et l'Italie une trentaine au total. Toutes n'affichent pas les mêmes références idéologiques et se vouent parfois une certaine hostilité. La logique des méandres de l'extrême-gauche italienne conserve ses mystères...*

Un peu plus au nord, dans le quartier portuaire de la capitale, règne ainsi une ambiance libertaire, moins rigide qu'à Magliana. Une ancienne caserne transformée en squat abrite, depuis 2001, 90 familles, pour l'essentiel originaires d'Amérique du Sud et d'Afrique du Nord. Pas de faucille ni de

[101] Vittorio de Sica, *Ladri di biciclette*, 1948.

marteau ici, mais toujours des vélos dessinés sur les murs. L'atelier, créé en septembre 2012, a pris place dans un coin de la vaste cour. Une demi-douzaine de militants altermondialistes s'y donnent rendez-vous le samedi soir, pour remplacer un dérailleur, changer une rustine ou comparer leurs performances. Depuis que la Ciclofficina s'est installée dans ces locaux, les habitants n'ont plus le droit de garer leur voiture dans la cour. « Cela a changé l'ambiance. Dans la journée, les enfants jouent dehors; on se croirait dans un village », constate Abdul, né à Marrakech et habitant du squat depuis plusieurs années.

Un autre monde est-il possible? Dans le café attenant, un local alternatif tenu par des femmes péruviennes et marocaines, on se retrouve autour d'une soupe et d'un morceau de tarte aux légumes pour continuer la discussion. L'urbanisme, l'individualisme, l'anticapitalisme, le concept même de déchet, on pourrait parler toute la nuit...

Acheteurs fidèles contre clients volages

Selon une idée bien ancrée mais fausse, le consommateur serait nécessairement motorisé. Pendant des décennies a prévalu le slogan « *no parking, no business* », popularisé dans les années 1950 par un théoricien américain d'origine colombienne, Bernardo Trujillo. Pour que l'homme moderne puisse consommer, il lui faudrait impérativement une place de stationnement et un coffre volumineux. La croyance est encore répandue, si l'on se fie au nombre de boutiques, restaurants voire simples boulangeries devant lesquelles s'étale une petite nappe de bitume garnie d'un écriteau « réservé à la clientèle ». À Nantes, qui se prétend pourtant « ville verte », le maire Patrick Rimbert, qui avait succédé à Jean-Marc

Ayrault, annonçait en 2013 des actions pour « redynamiser le centre-ville ». Parmi ces mesures, un coup d'arrêt à la piétonnisation, la baisse du prix du parking et la facilitation du stationnement motorisé. « Il ne faut pas décourager la clientèle[102] », affirmait alors le président de la Chambre de commerce et d'industrie.

Et pourtant, les cyclistes, comme les piétons, font de bien meilleurs acheteurs que les automobilistes. Ils dépensent moins d'argent à chaque passage mais reviennent plus souvent. En 2003, l'économiste Frédéric Héran avait qualifié les personnes à pied et à vélo d'« acheteurs fidèles » tandis que les automobilistes étaient relégués au rang de « clients volages ». Une étude publiée en 2012 par l'université de Portland, dans l'Oregon, le confirme. Les enquêteurs se sont postés aux alentours des cafés et bars, commerces et restaurants et ont demandé aux consommateurs de leur montrer leurs tickets de caisse. Le constat est surprenant : les automobilistes, qui représentent, à Portland, la majorité des consommateurs, dépensent, en un mois, moins d'argent que toutes les autres catégories d'usagers, cyclistes, piétons et utilisateurs des transports publics. Les cyclistes s'avèrent les plus dépensiers, avec 75 dollars déboursés par mois, grâce notamment à leur fréquentation assidue des cafés. Viennent ensuite, à égalité avec 68 dollars, les piétons et les automobilistes puis, avec 58 dollars, les utilisateurs des transports publics[103].

À vélo, on peut transporter des volumes au moins aussi importants que ceux que l'on place en général dans une voiture, à l'aide de sacs à dos, sacoches et, pour les gros

[102] Sibylle Laurent, « La mairie veut une "piétonnisation intelligente du centre-ville" », *Metronews*, 26 mai 2012.

[103] Jonathan Maus, « Study shows biking consumers spend more », Bikeportland.org, 6 juillet 2012.

ravitaillements, une caisse placée à l'avant ou une remorque. On peut facilement s'arrêter, revenir en arrière pour saisir une affaire intéressante, se détourner de son chemin pour dégoter de quoi cuisiner le repas du soir.

Les constats empiriques des commerçants confortent ces études universitaires. Lorsqu'une municipalité installe un nouvel aménagement, tramway, voie piétonne ou réhabilite un quartier ancien, les boutiquiers commencent toujours par protester. Une période de travaux n'enchante jamais personne. Mais dès que les derniers coups de pinceaux ont été donnés, les mêmes découvrent tout le bénéfice de l'opération : flux automobiles maîtrisés, vitesses modérées, bruit atténué, pollution limitée. Les clients, à pied ou à vélo, se sentent en sécurité. Les commerçants qui bordent les grands boulevards, à Paris, l'ont compris, explique Bruno Blanckaert, président de l'association qui les représente[104]. Après les travaux, les affaires continuent.

L'économie de la connaissance

Les villes cyclables sont aussi celles où l'économie est la plus florissante : Utrecht, Munich, Bolzano ou Strasbourg. Dans le quartier Saint-Maurice, à Lille, un agent immobilier explique que « la proximité d'une station de vélo en libre-service constitue désormais un argument de vente plus important qu'une place de parking[105] ». Les urbanistes chargés de réhabiliter la ville ancienne ont compris que les moyens de transport « doux » ou « actifs » bénéficient à l'économie locale, enrayent la baisse de l'immobilier et favorisent la revitalisation du quartier.

[104] Entretien avec l'auteur, 5 décembre 2012, à l'occasion de la suppression du sens unique dans cette artère prestigieuse.

[105] Propos rapportés par Sébastien Torro-Tokodi, de l'association Droit au vélo.

Les effets indirects du vélo sont innombrables. À pied ou en selle, on se croise, on se salue, on discute. Au-delà de la sociabilité, ces échanges favorisent les fructueuses rencontres professionnelles. L'économie d'aujourd'hui n'est pas seulement basée sur des interactions numériques, mais aussi sur l'intensité de la vie réelle. Des start-up se créent parce qu'une ingénieure et, disons, un sociologue, qui échangeaient des informations par Twitter, se croisent au coin d'une rue en emmenant leurs enfants à l'école. Amsterdam limite la place de la voiture depuis des décennies précisement pour développer cette « économie de la connaissance ». Enfin, les employeurs ont remarqué que leurs salariés qui arrivent sur selle au travail se révèlent plus ponctuels, moins stressés, en meilleure santé. Autrement dit, plus productifs.

La manne du cyclotourisme

L'avantage économique se poursuit sur la route, à travers la campagne. Les touristes à vélo dépensent davantage que ceux qui circulent en voiture, révèle une étude d'Atout France, une structure en charge du développement touristique[106]. Chaque cyclotouriste débourse en moyenne 75 euros par jour s'il effectue un voyage itinérant et 61 euros s'il demeure en séjour. Ces dépenses « sont très supérieures à celles des clientèles non vélotouristes, estimées à 54 euros par jour et par personne (données 2009) », souligne Atout France. L'étude de fréquentation et de retombées économiques de la Loire à vélo, l'itinéraire qui suit le fleuve de Nevers à son embouchure, publiée en 2016[107], montre que les 935 000 visiteurs de l'année 2015 ont généré près de 30 millions d'euros, soit le double qu'en 2010. À l'échelle

106 « Les clientèles internationales du tourisme à vélo en France », juin 2012.

107 Étude réalisée en 2015 par Inddigo et Symetris, pour le compte des régions Centre-Val de Loire et Pays de la Loire.

européenne, le réseau EuroVelo rassemble 15 itinéraires qui représenteront en 2020 une longueur totale de 70 000 kilomètres. La « route des pèlerins », de la côte norvégienne à Saint-Jacques de Compostelle, ou la route des fleuves, de Saint-Nazaire (Loire-Atlantique) au delta du Danube, font partie des plus populaires. Les chiffres récoltés dans les différents États-membres permettent aux auteurs d'une étude publiée par le Parlement européen d'estimer « à 2,295 milliards le nombre annuel de séjours touristiques à vélo en Europe, pour une valeur dépassant les 44 milliards d'euros. [...] Le nombre de cyclotouristes dont le séjour comprend au moins une nuitée est de 20,4 millions, qui dépensent environ 9 milliards d'euros l'an[108]. »

Lorsqu'on voyage sur une selle, on apprécie le repos, le soir, dans un bon lit, après avoir profité d'un repas copieux; un moyen de transport qui permet de « manger sans grossir et pour le plaisir[109] », résume le professeur Claude Got. Le vélotourisme donne envie de goûter les produits locaux, vins repérés sur les coteaux, miel de pays, cassoulet d'origine contrôlée... Les hôtels et les chambres d'hôtes s'adaptent à cette clientèle exigeante. Ils proposent des boxes pour stocker les montures, des kits de réparation, des paniers pique-nique revigorants, le portage de bagages. Le cyclotourisme attire également des clients plus chiches, disposés à se contenter d'un sandwich le midi et de loger au camping le soir. Ils s'arrêtent au cœur des bourgades, dans les commerces locaux, et non dans les gigantesques hypermarchés prétendument situés « à 2 minutes » (en voiture) de la route. La « Loire à vélo » empruntée par 800 000 cyclistes chaque année, constitue même une manne inespérée. « Gien, qui

[108] « EuroVelo, le réseau européen d'itinéraires cyclables », Direction générale des politiques internes, 2012.

[109] www.securite-routiere.org/infrastructure/cyclables/cyclistes.htm

ne faisait pas figure de destination privilégiée, profite désormais du passage de plusieurs dizaines de touristes tous les jours[110] », observe une journaliste de *La République du Centre*. Les gérants du camping se frottent les mains, tout comme les guides, les restaurateurs, les boulangers « et même les pharmaciens qui voient augmenter leur clientèle en quête de pansements ».

Quelques collectivités exploitent des routes dans l'intention de séduire les cyclistes. Les régions Auvergne-Rhône-Alpes, Provence-Alpes-Côte d'Azur et Occitanie font l'active promotion de la ViaRhôna, qui descend le fleuve de Genève jusqu'à son embouchure. Dans le nord de l'Italie, la province autonome de Bolzano en a fait un axe de développement économique. « Les élus ont compris que c'était un tourisme plein d'avenir », témoignent Eugen Messina et Bettina Ravanelli, fondateurs de Bike & More, un tour-operator installé dans une rue tranquille de Bolzano. Un site spécialisé, bikehotels.it, recense les hôtels où l'on peut faire réparer son vélo ou acheter des accessoires.

L'économie du cyclotourisme a toutefois besoin qu'on lui prête davantage d'attention. Plusieurs « grandes organisations responsables du développement du tourisme en Europe ne reconnaissent pas son potentiel et ont donc peu investi dans ce domaine[111] », regrette l'étude du Parlement européen. Le long de la Loire, les habitués se plaignent de l'absence ou du mauvais état des services : « points d'eau, toilettes, jeux, baignades, cafés-restaurants », constate l'étude citée plus haut. Le parcours urbain de la véloroute, à Nantes ou Tours, est mal signalé.

[110] Caroline Bozec, « La Loire à vélo réussit aux commerces », Larep.fr, 26 juillet 2013.

[111] « EuroVelo, le réseau européen d'itinéraires cyclables », *op. cit.*

Et certains propriétaires de chambres d'hôtes se montreraient réticents, n'acceptant des réservations que pour deux nuits minimum[112]...

L'ANTI-DETTE

Au début des années 2010, l'ampleur de la dette publique a dominé l'actualité en Europe, au point d'obérer l'avenir de la monnaie unique. Les pays européens, notamment du Sud, ont contracté, plan de sauvetage après plan de sauvetage, une dette dont le poids est lourdement sanctionné par les marchés financiers. Il n'y a pas d'alternative à la réduction progressive des déficits budgétaires. Le monde de la finance, mal connu et honni, aurait plutôt intérêt, au sens propre, à ce qu'un État s'endette. Et pour cause, banquiers et financiers pourraient ainsi continuer à lui prêter de l'argent à un taux rémunérateur.

Dès lors, les gouvernements réduisent les subventions et les dépenses sociales, augmentent les impôts, inventent de nouvelles taxes, renoncent à certains projets spectaculaires, et parfois, très prudemment, lancent même quelques réformes à condition qu'elles ne mettent pas à mal les rentes de situation...

Tout le monde n'accepte pas de se serrer la ceinture. L'Europe n'est pas à l'abri de rébellions, de révoltes, d'émeutes, comme on l'a déjà vu ponctuellement en Grèce, en Espagne ou au Portugal, voire en Bretagne, à l'automne 2013. Plus probablement, les peuples « courberont l'échine », pour reprendre le vocabulaire de la gauche populiste, mais chacun développera en compensation, à son échelle, une activité locale de débrouille, faite de trafics, de clientélisme, de travail au noir et de corruption.

Les collectivités locales ne sont pas épargnées par les restrictions budgétaires. En France, sous le mandat de François

[112] www.isabelleetlevelo.fr/ancienblog

Hollande, les dotations de l'État, ces sommes versées chaque année aux collectivités pour les aider à fonctionner, à investir et à remplir des missions de service public, ont considérablement baissé, passant de 41,5 milliards en 2013 à 30,8 milliards en 2017.

En conséquence, les collectivités privilégient le maintien des services existants, cantine scolaire ou entretien de la voirie, au détriment des investissements. Les infrastructures de transport, routes, trains régionaux, lignes de métro ou bus qui pèsent énormément sur les budgets, risquent fort d'être sacrifiées. L'Union des transports publics (UTP), qui regroupe les opérateurs urbains, lance un cri d'alarme. « La demande de transport augmente plus vite que les recettes[113] », s'inquiète Anne Meyer, en charge des affaires économiques et techniques.

De fait, les coûts ne cessent d'augmenter. L'étalement urbain repousse toujours plus loin les routes à entretenir, les parkings souvent vides, les systèmes de géolocalisation, les réseaux de transports en commun. Depuis une dizaine d'années, les vols de métaux pèsent sur les infrastructures. Les organisations patronales, notamment le Medef, protestent contre les augmentations répétées du « versement transport », cet impôt assis sur la masse salariale qui sert à financer la construction et le fonctionnement des transports publics.

La feuille de route

Le coût des transports n'est plus un sujet pour seuls spécialistes, comme l'a montré la publication, en juin 2013, du rapport « Mobilité 21[114] » par le député socialiste Philippe Duron. Le document a tranché parmi les projets d'infrastructures

[113] Conférence de presse du 9 octobre 2013.

[114] « Mobilité 21 - Pour un schéma national de mobilité durable », rapport de Philippe Duron, 27 juin 2013.

ferroviaires, notamment les lignes à grande vitesse, promis par les gouvernants successifs depuis des décennies mais que personne n'a les moyens de financer. Si on en doutait, la confirmation est tombée : les promesses n'engagent que ceux qui les entendent.

Le rapport pose clairement les enjeux : « Répondre aux besoins de mobilité exige de la collectivité des investissements lourds et constants. Construire une infrastructure, la moderniser et mettre en place l'offre de services nécessaire coûtent très cher », tout comme « les travaux de maintenance du patrimoine pourtant indispensables à la conservation de la performance et à la sécurité ». Ainsi, « le transport a un coût et quels que soient les modes de financement retenus, c'est le contribuable, l'usager et le consommateur qui l'assument », écrit le parlementaire.

Le rapport Duron apporte une vision globale des transports. Selon le député, « la grande vitesse ferroviaire prend tout son sens sur des distances de 400 à 1 000 km, pour les relations entre grandes métropoles [...] Pour les villes et agglomérations de moindre taille, d'autres services doivent pouvoir s'envisager autour des 200 à 220 km/h [...] L'autocar moderne et prioritaire sur le réseau routier et autoroutier, longtemps ignoré, peut aussi constituer une réponse performante aux besoins [...] La voie d'eau [...] peut devenir un acteur privilégié de la logistique urbaine. La route, hier encensée et aujourd'hui politiquement incorrecte, doit être appréhendée avec raison [...] Elle permet la desserte fine du territoire et assure le transport de courte et moyenne distance. La modernisation des véhicules et l'optimisation des déplacements permettront de limiter les effets négatifs de ce mode sur l'environnement. Enfin, l'usage des modes actifs comme le vélo et la marche à pied est à encourager ».

Plus loin, le député précise sa pensée : « Le vélo doit être considéré comme un moyen de transport à part entière, que ce soit pour les déplacements quotidiens ou de loisirs. Les véloroutes et voies vertes assurent, notamment dans le périurbain, des entrées de ville de qualité pour les cyclistes du quotidien. Elles constituent une alternative aux transports en commun et individuels motorisés et permettent, dans leur fonction touristique, de développer des emplois non délocalisables et de soutenir l'activité économique dans de nombreux territoires. » Le transport n'est plus une question technique, mais devient un sujet politique. En 2017, la ministre des Transports d'Emmanuel Macron, Élisabeth Borne, reprendra d'ailleurs à son compte la logique développée par Philippe Duron.

Pour le prix d'un tramway

De quoi faire réfléchir les grandes agglomérations qui se sont équipées, dans les décennies 1980 à 2010, d'un tramway. Ce moyen de transport, éradiqué au milieu du XXe siècle, a retrouvé les faveurs des aménageurs. Après Nantes, Grenoble et Strasbourg, à la fin du siècle dernier, toutes les villes s'y sont mises, des métropoles aux villes moyennes en passant par l'Île-de-France.

En France, le tramway nouveau n'est pas seulement un moyen de déplacement, c'est un outil d'aménagement urbain et même un objet de luxe, un bijou, qui doit circuler dans un écrin. La ville en profite pour réaménager la voirie « de façade à façade », comme on dit dans le jargon. Pas question de poser de simples rails. Des bancs sont installés, des arbres plantés, des pistes cyclables dessinées, la synchronisation des feux repensée. Et surtout, les voies de circulation sont réduites, afin de susciter un « report modal », du mode motorisé vers les transports publics, la marche ou le vélo. D'ailleurs, tous les élus le disent : le tramway, c'est « vert », « écolo », « responsable » puisqu'il fonctionne à l'énergie électrique. Désormais, la ville est équipée d'un beau jouet tout neuf, plus confortable que le bus, plus agréable que le métro. Tout le monde l'aime. « Le tramway, c'est comme le cinéma ; on voit défiler le paysage urbain », s'émerveille l'architecte Roland Castro. Et ceux qui continuent à se déplacer au volant de leur automobile sont inconscients ou ingrats.

Mais le tramway constitue un investissement que le ministère de l'Environnement estime entre 13 et 30 millions d'euros le kilomètre, 50 à 60 millions d'euros à Paris. Et les collectivités exigent sans cesse de nouvelles lignes, portant de plus en plus loin. Or, dans de nombreux cas, pour un prix bien inférieur, on peut obtenir des résultats équivalents. Il est possible de réduire la place de la voiture en réaménageant la voirie, en enlevant des places de stationnement, en réduisant la largeur de voies, en créant des chicanes, en imposant une limite de vitesse. Le vélo et la marche prendront naturellement le relais de la voiture pour les trajets les plus courts, et les transports en commun existants, réorganisés, absorberont le reste. En d'autres termes, on aura arbitré entre placement et déplacements.

Cela fut le choix du Territoire de Belfort (142 000 habitants), où l'élu en charge des déplacements, Christian Proust (MRC), a mis en place en 2013 un bus « à haut niveau de service ». Le département a complété cette offre par des vélos en libre-service et des voitures en partage, qui ont certes un coût, mais bien inférieur au tramway dont s'équipent d'autres agglomérations de taille équivalente, comme Aubagne (104 000 habitants, Bouches-du-Rhône) ou Orléans (272 000 habitants, Loiret).

En Île-de-France, on a commencé à construire le « Grand Paris Express », un super métro automatique en forme de

« grand huit ». Le coût annoncé de cette méga-infrastructure n'a pas cessé de dériver. Estimé à 23 milliards d'euros en 2013, il est passé à 30 milliards en 2017 puis 38,5 milliards en 2018, selon un rapport de la Cour des comptes. À écouter les élus de la région et les professionnels des travaux publics, les 200 kilomètres de voies et les 68 gares du Grand Paris Express doivent régler à la fois, et d'un seul coup, les problèmes de transports, d'emploi, de logement de l'Île-de-France, sans oublier la mixité sociale et le développement durable…

Ces rêves font toutefois l'impasse sur un enjeu essentiel : l'interconnexion avec le réseau existant et les autres modes de transport. Puisque 80 % des habitants d'Île-de-France habiteront, à terme, à moins de 2 kilomètres d'une gare, il faudra les encourager à s'y rendre par tous les moyens possibles, à l'exclusion de la voiture individuelle, sous peine de saturation. Cela implique des couloirs réservés aux bus, des aires de covoiturage, des taxis efficaces, mais aussi un réseau cyclable de qualité. À vélo, on ne peut certes pas traverser d'un bout à l'autre la région-capitale. Mais le vélo accélère la marche, permet de rejoindre la gare rapidement, ou une gare plus éloignée de son domicile si elle est plus pratique pour la suite du parcours. De même que le Grand Paris Express ne doit pas se substituer à une politique d'incitation au covoiturage, il ne peut pas faire l'impasse sur la solution vélo, au risque de demeurer un « éléphant blanc », coûteuse infrastructure sous-utilisée.

Au Danemark, un milliard de couronnes (133 millions d'euros) ont été consacrées au développement du vélo entre 2009 et 2014. Pour cette somme, selon le gouvernement de Copenhague, on peut construire 330 kilomètres de nouvelles « superpistes » cyclables, aussi appelées « autoroutes cyclables », 120 kilomètres de pistes en milieu urbain,

10 kilomètres d'autoroute en milieu rural, 6,5 kilomètres de voie ferrée et seulement 700 mètres de ligne de métro, en ville[115]. Selon Frédéric Héran, « à débit identique, une piste cyclable est 200 fois moins chère qu'une autoroute urbaine, 50 fois moins chère qu'un métro lourd et 25 fois moins chère qu'un tramway[116] ».

La même logique pourrait primer dans les petites villes. À Ambérieu-en-Bugey (13 000 habitants, Ain), à l'est de Lyon, un service de bus a été institué en 2010 grâce au « versement transport » payé par les employeurs. Plusieurs lignes desservent les sites industriels, les établissements scolaires, la gare et le centre-ville. Mais les déplacements à vélo et à pied demeurent négligés. Quelles économies la collectivité pourrait-elle réaliser en incitant les habitants, et notamment les collégiens et lycéens, à utiliser régulièrement le vélo plutôt que de leur proposer seulement le bus ?

LA VILLE REVITALISÉE

Le constat est unanime. L'étalement urbain grignote les campagnes, tue le commerce de proximité, sacrifie des terres agricoles. Le magma urbain informe que l'on ne cesse de construire coûte cher à entretenir, produit une société égoïste et cloisonnée[117]. Les paysages ont disparu, les écoliers ne savent plus situer des villes qui, de toute façon, se ressemblent toutes. Les maires aiment truffer leurs discours de références à l'identité, à l'authenticité, à la douceur de vivre, mais sont immédiatement démentis par l'aspect monotone des paysages urbains. Partout, c'est le règne des baraquements métalliques grisâtres, des enseignes multicolores, des

[115] Calculs présentés au cours de la conférence Velocity, à Vienne, en juin 2013 ; http://velo-city2013.com/wp-content/uploads/20130611_mialagergaard.pdf

[116] *Ibid.*

[117] Voir Eric Hamelin et Olivier Razemon, *La tentation du bitume*, éditions Rue de l'échiquier, 2012.

voies réservées à la seule automobile et des zones commerciales dont personne ne peut assurer avec précision la date de construction. La géographie ne signifie plus rien et l'histoire non plus.

Paradoxalement, alors que tous les rapports officiels, les décideurs économiques, politiques et médiatiques considèrent la transformation des campagnes en ville comme un problème majeur, le phénomène se poursuit et s'accélère, tel un gigantesque jeu de Simcity. La France est devenue moche, comme le titrait, dès 2010, l'hebdomadaire *Télérama*[118].

Les villes subissent elles aussi cette réorganisation motorisée du territoire. À Châteauroux[119] ou à Lorient[120], les commerces fuient le centre, les hypermarchés et les zones industrielles aspirent ce qui reste d'activité. À Béziers, la multiplication des grandes surfaces a littéralement vidé la ville et accéléré la hausse du chômage[121]. À l'exception d'une quinzaine de grandes métropoles qui se sont embourgeoisées, toutes les agglomérations subissent une dévitalisation plus ou moins marquée[122].

Au fond, dans les villes de France, quelle que soit leur taille, se juxtaposent trois types de paysage urbain. Au centre, autour d'un bâtiment historique et d'un chocolatier ou d'un pâtissier réputé, des rues piétonnes bordées de marques mondialisées. De ce quartier aseptisé, la municipalité a fait sa vitrine, l'équipant de voies de bus en site propre et le cas échéant de vélos en libre-service. À quelques rues de là,

[118] Xavier de Jarcy et Vincent Remy, « Comment la France est devenue moche », *Télérama*, 13 février 2010.

[119] Pascale Krémer, « À Châteauroux, la détresse des petits commerçants », *Le Monde*, 7 novembre 2013.

[120] Cécile Prudhomme, « À Lorient, la désertification du centre-ville à l'œuvre », *Le Monde*, 29 avril 2013.

[121] Jean-Baptiste Chastand, « À Béziers, l'hémorragie de l'emploi fait bondir le chômage à 15,5 % », crise.blog.lemonde.fr, 25 avril 2013.

[122] À ce sujet, lire *Comment la France a tué ses villes*, du même auteur, Rue de l'échiquier, 2017 [2016].

l'essentiel du centre-ville et de la proche banlieue végète. Les commerces ont fermé, des voitures sont garées sur les trottoirs, quelques pistes cyclables récemment peintes s'arrêtent net sur les carrefours les plus fréquentés. Le paysage urbain n'incite pas à la promenade et une partie des commerçants réclame sans cesse de nouvelles places de stationnement. Plus loin encore, le décor se fait périurbain : zones commerciales et industrielles, rocades, hôtels de chaîne, restauration plus ou moins rapide mais également industrielle. Personne n'envisage d'y circuler autrement qu'en voiture. Le vélo fait peur ou fait rire.

Pour contrer cette démission de l'urbain, le vélo peut pourtant aider. Il est « l'a-voiture » par excellence, l'accélérateur du piéton. « Le vélo évolue en symbiose avec le local. Quel que soit son usage, ludique ou utilitaire, il relie au territoire et s'y adapte avec souplesse. À vélo, on est en mode lecture du territoire[123] », écrit Véronique Michaud, secrétaire générale du Club des villes et territoires cyclables.

Le briseur de coupures

Au guidon, on peut aller aussi vite, mais pas aussi loin qu'au volant. Les déplacements quotidiens ne dépassent pas un rayon de quelques kilomètres. Dès lors, le vélo tue l'hypermarché ainsi que les zones de logistique. Ce briseur de coupures permet de contourner les obstacles urbains tels que les surfaces commerciales ou industrielles. Une simple passerelle au-dessus d'une voie ferrée fait le lien entre deux quartiers. Le vélo est « un outil d'aménagement des espaces urbains et des territoires », résument plusieurs élus écologistes dans une tribune publiée dans *Le Monde* en septembre 2012[124].

[123] Véronique Michaud, *À vélo, vite !*, éditions fyp, 2014.

[124] Alain Jund, Catherine Hervieu, Clément Rossignol, Rudy L'Orphelin, « Le vélo dans l'avenir de nos villes », *Le Monde*, 6 septembre 2012.

Cela vaut pour les bourgades ou les villages. Un ménage hésitera à déménager dans un lotissement-dortoir situé à 20 kilomètres si les adultes ont pris l'habitude de faire les courses et de croiser leurs connaissances au centre du bourg et si les enfants peuvent aller à l'école à vélo. Les commerces et les entreprises ont moins tendance à installer leurs locaux à l'extérieur de la ville si leurs clients et leurs salariés pédalent. Aux Pays-Bas, au contraire d'une France aux centres-villes dévitalisés, même les petites agglomérations sont animées. La législation encadre sévèrement l'installation de zones commerciales périurbaines, et il est simple de faire ses courses dans le centre. Le secret des « villes les plus heureuses » repose sur des déplacements agréables, a-t-on pu lire dans *The Guardian*[125].

Imaginons la métamorphose qui pourrait gagner les grands ensembles de la banlieue parisienne, les quartiers populaires de l'agglomération lilloise ou une ville moyenne en cours de paupérisation si les déplacements à vélo s'y généralisaient. Des salariés modestes, qui marchent beaucoup, ou prennent plusieurs bus successifs pour se rendre à leur travail, gagneraient du temps. Une femme de ménage qui court de maison en maison pourrait servir quatre employeurs dans la journée au lieu de trois. La multiplication des allées et venues pacifierait les relations humaines et bénéficierait au quartier, qui redeviendrait attractif.

Le tout-voiture pousse la France dans les bras du FN

À quoi ressemble un canton qui vote pour le Front national ? C'est ce que plusieurs médias ont tenté de raconter entre les deux tours du scrutin cantonal qui

[125] Charles Montgomery, « The secrets of the world's happiest cities », *The Guardian*, 1er novembre 2013.

a abouti, le 12 octobre 2013, à l'élection d'un conseiller général FN à Brignoles (Var). Les articles décrivent une ville dévorée par l'étalement urbain, dont le centre n'est plus habité que par les plus pauvres, des Français d'origine maghrébine. Raphaëlle Bacqué, du Monde, *évoque « cette petite ville où tout le monde fait ses courses à l'hypermarché Leclerc de la zone industrielle en pestant contre la fermeture des commerçants du centre-ville*[126] ». Le Nouvel Observateur *décrit « le cœur historique » comme « un entrelacs de ruelles superbes que les Brignolais dits de souche ont abandonnées parce qu'elles sont difficilement accessibles aux automobiles*[127] ».

Libération *évoque la Nationale 7, qui traverse Brignoles comme une « ligne de béton ». La voie « coupe en son cœur la ville du Luc. Comme une saignée. Puis elle mène à l'entrée du Muy. Sur le chemin, une succession de panneaux publicitaires, de vitrines criardes : vente de carrelages, station essence, snack, des magasins d'ameublement, de puériculture, un Buffalo Grill, un Kiabi ». La primauté accordée à la voiture, partout, n'est pas sans conséquences. Faisons un rêve et songeons à l'image que donnerait Brignoles si on s'y déplaçait massivement à vélo : des commerces florissants, des gens qui se croisent, qui se parlent, une ville maîtrisée.*

[126] Raphaëlle Bacqué, « À Brignoles, “le FN risque de passer... Et alors ?” », *Le Monde*, 11 octobre 2013.

[127] Hervé Algalarrondo, « FN : le jour où Brignoles a basculé... », *Le Nouvel Observateur*, 13 octobre 2013.

Cet instrument à plusieurs effets, ce rasoir à plusieurs lames, ce couteau suisse pourrait contribuer à raccommoder les sociétés européennes trop compliquées et cabossées par l'avidité, les crises, le chômage de masse et la montée des inégalités. Il fournirait un peu d'esprit à cette société où tout le monde veut arriver le plus vite possible, ou chacun crée une bulle sécurisée et se méfie des autres.

Le changement n'est pas brutal, pas difficile, assez tranquille. Il s'agit davantage d'une adaptation que d'une révolution. Cela suppose d'adopter le même état d'esprit qui motive les opposants aux infrastructures inutiles, centres commerciaux, rocades surnuméraires ou stades monumentaux, dont l'aéroport de Notre-Dame-des-Landes, à côté de Nantes, est devenu le symbole. Le vélo est en phase avec les impératifs climatiques, la relocalisation des productions, la « définanciarisation », le ralentissement raisonné. Le vélo fait partie des outils que pourraient promouvoir les admirateurs du paysan d'origine kabyle Pierre Rabhi, devenu gourou des militants écologistes, connu pour sa célébration de la « sobriété heureuse ». Le vélo, c'est l'économie qu'on aime vraiment.

Chapitre 5

LA TRANSITION CYCLABLE, UN CHOIX POLITIQUE

Le changement, que l'on choisit d'appeler «transition cyclable», à l'image de la «transition démographique» ou de la «transition énergétique», est souvent présenté comme une question technique un peu subalterne. Il n'en est rien : c'est un choix politique, ou plutôt un ensemble de choix politiques, à tous les niveaux, de la cage d'escalier au Parlement européen. Les premiers pas de la politique du guidon suscitent tantôt une relative indifférence, tantôt un certain enthousiasme. Les élus y voient le moyen de se construire une virginité écologique à bon compte, les techniciens trouvent l'affaire originale mais somme toute sympathique et la population a le sentiment que «c'est plutôt pas mal». Mais lorsque le projet va au-delà de quelques pistes

cyclables dessinées sur la chaussée, cela devient plus difficile. Fréquemment, les collectivités se sentent démunies. Et il faut s'attaquer à l'espace occupé par la voiture. On entre dans le dur.
Car, il faut s'y résoudre, pour les courtes distances, celles qui sont praticables à bicyclette, les modes individuels que sont la voiture, le deux-roues motorisé et le vélo sont concurrents. Comme l'explique Frédéric Héran, « le marché des déplacements n'est pas extensible. Depuis que l'on dispose d'enquêtes mesurant la mobilité quotidienne, les citadins n'effectuent toujours, en moyenne, que trois ou quatre déplacements par jour de semaine (Zahavi, 1973). Par conséquent, tout essor d'un mode ne peut se faire qu'au détriment d'un ou de plusieurs autres modes[128] ». Car, pour se développer, « chaque mode a besoin de véhicules fiables et abordables (bus, tramways, métros, trains de banlieue, automobiles ou vélos), mais aussi d'aménagements de qualité (couloirs, voies ferrées, routes, pistes et bandes cyclables), de services variés et étoffés (stationnement, réparation, assurance, location, cartes du réseau) et de règles communes (permis de

[128] Frédéric Héran, « Vélo et politique globale de déplacements durables », *op. cit.*

conduire, code de la route, signalisation). Si une ou plusieurs de ses composantes s'avèrent défaillantes, l'usage du mode est compromis ». En d'autres termes, une fois qu'un mode se développe, les esprits suivent, les infrastructures s'adaptent, et les autres moyens sont progressivement marginalisés. *Winner takes all*, « le vainqueur rafle la mise ».

Mais si les modes sont concurrents, les usagers de la voirie ne doivent pas être considérés comme des rivaux. L'organisation de l'espace urbain ne vise pas à ménager, sans trop les heurter, les différentes catégories de voyageurs. Il ne s'agit pas de favoriser, partout, la cohabitation des modes comme on garantit la protection des espèces naturelles folâtrant dans la savane. Non, les piétons, cyclistes, motards et automobilistes ne sont pas des mulots, des gnous, des gazelles, des hyènes ou des léopards. Dans la ville, le mulot se fait parfois hyène, le léopard devient gazelle. En d'autres termes, il ne s'agit pas de s'attaquer aux automobilistes ou aux motards. Il s'agit en revanche de les convaincre – quitte à passer par la contrainte – d'effectuer certains trajets autrement. La nuance est de taille.

En pratique, ce sont souvent les contraintes extérieures qui enclenchent l'essor du vélo, comme dans plusieurs pays européens ces dernières décennies.

Pénurie de pétrole à Amsterdam

Dans les années 1970, lorsque survient la crise pétrolière, les Pays-Bas sont considérés par les pays arabes comme un allié d'Israël. L'Organisation des pays producteurs de pétrole (Opep) lance un embargo qui touche durement les Néerlandais[129] et amène le Premier ministre à rationner le précieux liquide. Parmi les mesures drastiques, il décrète une interdiction de circuler pour une journée, le 4 novembre 1973. Ce dimanche-là, les Néerlandais, qui sont encore très pieux, se rendent à la messe à vélo, et les églises sont pleines, comme à l'accoutumée. La reine Juliana, qui apprécie les promenades à vélo, montre l'exemple. Des caméras filment, opportunément, la souveraine en selle. On découvre qu'on peut parfaitement se passer de moteur pour les courts trajets. Ce premier « dimanche sans voitures » sera suivi de plusieurs autres, en 1974. Puis une véritable politique cyclable sera orchestrée, avec d'autant plus d'enthousiasme que le pays ne protège les intérêts d'aucun constructeur automobile. Aujourd'hui, les Néerlandais semblent avoir oublié cet épisode pourtant attesté par les historiens. « Le vélo est dans nos gènes », disent-ils volontiers. Certaines études attribuent volontiers l'attachement à ce moyen de transport fruste et peu coûteux à la culture protestante, qui favorise moins l'ostentation que le catholicisme. Ce qui laisse perplexe : ainsi, en Belgique, la Flandre, catholique, se révèle plus cyclable que la Wallonie,

[129] Voir Duco Hellema, Cees Wiebes, Toby White, *The Netherlands and the Oil Crisis. Business as usual*, Presses universitaires d'Amsterdam, 2004 (traduction de *Doelwitt Rotterdam: Nederland en de Oliecrisis*, Den Haag: Sdu, 1998).

laïque. Qu'importe, au fond : le vélo fait désormais partie de l'identité néerlandaise.

Identité cyclable

Frédéric Héran a mis en évidence le rôle du vélo dans la construction d'une identité collective. « Dans l'histoire d'une ville ou d'une nation, des choix particuliers qui tiennent parfois à peu de choses conduisent les autorités à se lancer dans des politiques de déplacement privilégiant certains modes plutôt que d'autres. Ces choix finissent par être intégrés par la population qui dès lors a tendance à considérer ces modes comme vecteurs d'identification, renforçant par là même ces politiques[130]. »

Gdansk (Pologne), Bolzano (Italie) et Strasbourg (France) présentent le point commun d'être des villes cyclables dans des pays qui le sont peu. Ces trois cités possèdent certes une culture ou une histoire germanique. Mais elles conservent surtout, en raison de leur passé, une capacité critique, une forme d'indépendance d'esprit par rapport au pouvoir national, ce qui explique peut-être des choix différents. Enfin, on croit généralement qu'il suffit d'aménager des pistes cyclables pour développer la pratique. Or, la transition se construit de multiples manières et doit beaucoup aux exemples donnés par des proches. Le développement du vélo, au fond, résulte d'un précipité chimique plus qu'il n'obéit à des règles physiques[131].

[130] Frédéric Héran, « Vélo et politique globale de déplacements durables », *op. cit.*

[131] Cette considération a émergé en septembre 2013 d'une discussion entre l'auteur et le militant cycliste polonais Marcin Hyla, après quelques vodkas dont on ne révèlera pas la marque, dans un bar de Cracovie.

Les facteurs de la transition allemande

En Allemagne, même si les premières pistes cyclables avaient été dessinées sous le Troisième Reich, on doit l'épanouissement du vélo aux mouvements écologistes, assure Tilman Bracher, chercheur au Deutsches Institut für Urbanistik, à Berlin. Dans les années 1970, les scientifiques signalent le danger des « pluies acides », précipitations chargées de polluants issus des cheminées d'usine et des pots d'échappement. L'une des manifestations les plus spectaculaires de cette pollution se matérialise dans les forêts, où se nicherait l'âme romantique allemande. Les arbres, littéralement rongés, dépérissent en quelques années à peine. Les mouvements écologistes présentent alors la bicyclette comme une réponse à cette agression contre l'environnement.

À Berlin, il faudra attendre les années 1990. Dans l'euphorie de la réunification, la priorité consiste à restaurer les lignes de métro, coupées pendant vingt-huit ans entre l'Est et l'Ouest. Mais la ville connaît une crise économique grave, au point de devoir plaider, en 1997, pour une réduction de sa dette devant le Tribunal constitutionnel de Karlsruhe. Le budget de la municipalité ne suffit plus à entretenir les infrastructures de transports. « Les élus se sont demandés quelle était leur marge de manœuvre avec une capacité d'investissement aussi limitée. Ils ont choisi de stimuler les aménagements cyclables », raconte Tilman Bracher.

L'essor du vélo outre-Rhin obéit, comme partout, à une multitude de facteurs. La fédération allemande des cyclistes, Allgemeiner Deutscher Fahrrad-Club (ADFC), qui compte 140 000 adhérents, effectue régulièrement des sondages « grandeur nature » sur la « cyclabilité » des villes, des métropoles aux villes moyennes. Les usagers, réguliers ou occasionnels, sont invités à répondre à une petite trentaine de questions sur leur pratique quotidienne : « Dans votre ville, les cyclistes sont-ils respectés ? », « Les pistes cyclables sont-elles régulièrement nettoyées ? », « Observe-t-on des conflits avec les piétons ? », etc. L'ADFC dresse ainsi un palmarès des villes cyclables, le « ADFC Fahrradklima-test ». 120 000 personnes ont participé à l'édition 2016 de ce classement, dévoilé en mai 2017. Münster, Karlsruhe et Fribourg se placent sur le podium, un trio de tête qui varie peu d'année en année. Les agglomérations en tête présentent une grande diversité, aussi bien en termes de couleur politique que de taille ou de topographie. Contrairement aux idées bien ancrées, les villes plates ne sont pas nécessairement les plus cyclables. Nuremberg et Dresde, relativement vallonnées, sont mieux notées par leurs habitants respectifs que Cologne, au sol plus plat. Même surprise sur le plan politique. Münster a un maire CDU, le parti de la chancelière Angela Merkel, Karlsruhe est détenue par le parti social-démocrate, le SPD, et Fribourg par les Verts. Bien placée dans le classement, Rostock, sur la côte de la mer Baltique, est dirigée par un ancien membre du parti communiste de la RDA.

Une France cyclable?

En France, il a fallu attendre quelques événements inattendus et contraignants. On remarquera la double contribution, involontaire puis volontaire, d'Alain Juppé. En décembre 1995, quelques mois après l'élection de Jacques Chirac à la présidence de la République, une grève générale contre le plan de rigueur présenté par son Premier ministre paralyse pendant un mois les transports publics, singulièrement en région parisienne. À Paris, durant ces semaines critiques, on ressort les vélos des caves, on réapprend la géographie des rues, on découvre que la bicyclette est au moins aussi rapide que le métro mais que les infrastructures manquent.

Quelques années plus tard, en 2000, la ville de Bordeaux entame la construction d'un tramway. Le centre-ville, encombré, devient invivable. Le maire, Alain Juppé, décide de prêter des bicyclettes à ses administrés. Les Bordelais découvrent, comme les Parisiens quelques années plus tôt, que le vélo les emmène vite et loin, sans souci de stationnement.

La contrainte fait parfois évoluer la société plus vite qu'un plan de déplacements dûment acté et financé. À Lille, en mai 2013, une grève paralyse les transports publics pendant quelques jours. Malgré les averses, et le froid inhabituel pour la saison, le nombre de cyclistes bondit, d'après les relevés de l'association régionale Droit au vélo. À Tours ou à Brest, les travaux du tramway ont mis les habitants en selle. À l'été 2011, *Le Télégramme* titre : « Pour promouvoir le vélo, mieux que le départ du Tour de France, les travaux du tram. » On avance plus vite avec une épée dans le dos.

À Rouen, la brisure du pont Mathilde, l'une des principales voies entre les deux rives de la Seine, suite à un incendie en octobre 2012, aurait pu constituer une opportunité comparable. Depuis l'incident, les bouchons sont récurrents. Les bus se sont remplis et les Rouennais ont ressorti leurs vélos. Mais en juillet 2013, la ville a décidé de reconstruire le pont à l'identique, sans y intégrer de piste cyclable[132].

Un peu partout en Europe, les villes universitaires, Oxford, Fribourg, Graz, Bologne ou encore Parme, figurent parmi les fers de lance de la transition cyclable. Les étudiants sont jeunes, en bonne santé, pas très riches, mobiles, informés. Las, les villes universitaires françaises peinent à se convertir. Sur certains campus, volontairement placés à l'extérieur des villes, après 1968, par un pouvoir méfiant, les enseignants se déplacent encore en voiture. En France,

[132] À lire sur le blog « Isabelle et le vélo » ; www.isabelleetlevelo.fr

échaudé par la gifle que représente chaque été le « classement de Shanghai[133] », on envisage toutefois de relocaliser les campus au cœur des villes, ou, si cela n'est pas possible, de renforcer les liens entre centre-ville et université. Cela passe évidemment par des transports simples, peu chers, efficaces et rapides.

Mais la sociologie favorable ne suffit pas. Il faut aussi un choix assumé, politique. La prise de conscience de Pierre Pflimlin, maire de Strasbourg dans les années 1970[134], les « vélos jaunes » distribués aux habitants de La Rochelle par Michel Crépeau en 1976 ou encore le volontarisme constaté dans les années 2010 à Budapest ou à Séville, en sont quelques exemples.

Dès lors, la pratique ne dépend pas exclusivement de la taille de la ville, comme on pourrait être tenté de le croire. Les mégalopoles, qui se distinguent par des bouchons chroniques et des transports en communs bondés, une population moins motorisée et consciente des enjeux environnementaux, doivent s'y prêter particulièrement. Mais les petites et moyennes villes, qu'il est facile de traverser en une demi-heure, ne sont-elles pas cyclables par nature ? Dans les pays ayant déjà amorcé la transition cyclable, les grandes villes sont moins réceptives que les petites. À l'inverse, sur les terres de mission, ce sont les capitales qui l'emportent. En clair, on pédale plus à Fribourg qu'à Berlin et à Innsbruck qu'à Vienne, alors que Paris et Lyon devancent Orléans, Niort ou Valenciennes.

[133] World University Rankings, palmarès des universités mondiales en fonction de leur excellence, délivré chaque année par des chercheurs de la Jiao Tong University. Les universités françaises peinent à s'y classer parmi les 100 premières.

[134] Laurent Védrine, *op. cit.*

ET SI L'ON ADAPTAIT LE TERRITOIRE ?

Quel mode individuel privilégier ? L'auto, la moto, le vélo ou la marche ? Bien sûr, la réponse dépend de l'environnement : centre-ville, banlieue dense, quartier pavillonnaire, zone commerciale, cœur de bourg, petite ville, etc. Personne ne souhaite ouvrir les autoroutes aux cyclistes et personne (ou presque) n'envisage de supprimer les trottoirs et de rendre à l'automobile les rues piétonnes du centre-ville.

Toutefois, construire des aménagements cyclables sans limiter la place de la voiture et du deux-roues motorisés, c'est abandonner tout espoir de report modal. Si l'on se contente de faire du vélo un mode subsidiaire, le moteur individuel demeurera le principal moyen de transport pour tous les déplacements. Selon les calculs de Nicolas Mercat[135], un investissement de 300 millions d'euros par an permettrait à la France de rejoindre les pionniers européens que sont le Danemark, les Pays-Bas ou, dans une moindre mesure, l'Allemagne.

La voie de l'apaisement

Le conducteur adipeux et arrogant qui manie son volant d'une main, fait crisser les pneus de son 4x4, accélère à la vue d'un piéton et insulte les cyclistes d'un doigt d'honneur, tout le monde l'a déjà rencontré au moins une fois. Mais il est au fond une espèce rare, sauf dans l'imagination de certains militants. Bien sûr, on croise des automobilistes qui roulent sauvagement, mais souvent, ce n'est pas vraiment de leur faute, en tout cas pas consciemment. Tout leur indique qu'ils sont seuls légitimes sur l'asphalte. « Lorsque je circule en voiture, la manière dont sont dessinées les routes, droites et bien

[135] Journée d'étude de la FUB, *op. cit.*

entretenues, m'incite à rouler vite[136] », explique l'anthropologue suisse Sonia Lavadinho.

Depuis quelques années, les aménageurs envisagent de rendre la voirie accessible à d'autres usagers. Mais ce n'est pas toujours réussi, explique Yan Le Gal, directeur d'études à l'Agence d'urbanisme de la région nantaise, interviewé par le magazine du Club des villes cyclables, fin 2010. Pour cet urbaniste, les aménagements hésitent entre deux modes : le style « trop routier » et le style « salle à manger » : « Le trop routier, c'est la tendance des ingénieurs, habitués à dessiner des 2x2 voies, des sens uniques, des feux, des sites propres, des pistes cyclables. Tout est calibré, tout est réglementé. À l'opposé, une tendance des architectes, urbanistes, paysagistes consiste à faire trop compliqué, étriqué : ils aménagent souvent à l'excès, meublent l'espace. C'est le style "salle à manger"[137]. »

Le péage urbain, la rustine de la pensée

Faut-il pour autant instaurer un péage urbain ? Le débat émerge régulièrement, notamment à Paris, où ses partisans s'appuient sur les exemples de Londres, Stockholm ou des villes italiennes, dont le cœur historique est protégé. Pour pénétrer dans un vaste périmètre central au volant d'un véhicule motorisé, il faudrait payer une certaine somme. Immédiatement, piétons et cyclistes disposeraient d'un espace accru. Le péage urbain séduit surtout les habitants de la zone considérée, qui souvent ne possèdent pas eux-mêmes de voiture.

Mais le péage repousse la congestion, le bruit et la pollution au-delà de la zone préservée. Deux territoires distincts

[136] Conférence à Versailles, 12 décembre 2012.

[137] Arlette Chabrol, « Espace public : nouveaux enjeux, nouveaux regards », *Ville & vélo* n° 47, novembre/décembre 2010.

émergent : le cœur privilégié et tranquillisé d'une part, la banlieue où règne toujours le tout-voiture d'autre part. Comment expliquerait-on alors à ceux qui vivent en dehors du périmètre que non seulement l'accès au cœur de ville leur est limité mais qu'en plus ils doivent modérer leur vitesse dans leur propre quartier ? Par ailleurs, même dans les hypercentres, le moteur demeure utile, pour transporter un colis volumineux ou faire voyager une personne âgée ou handicapée. Voire lorsque le trajet mène bien au-delà des limites urbaines, dans une zone qu'aucun transport ne dessert. La voiture, en ville, ne permet pas forcément d'aller vite, mais d'aller loin et, osera-t-on, d'aller lourd.

Et pourquoi ne pas ralentir la ville tout en la laissant respirer ? Ce n'est d'ailleurs pas seulement l'objectif, c'est le moyen. En limitant les vitesses, on rassure les personnes qui hésitaient à enfourcher une bicyclette. Et en encourageant les cyclistes, on apaise l'espace urbain, au profit des piétons.

30 km/h sinon rien

La limitation de la vitesse maximale à 30 km/h donne cette possibilité, tout en réduisant le risque d'accident. Lorsque le seuil, fixé à 60 km/h avant 1969, fut ramené à 50 km/h en 1990, le nombre des accidents corporels a connu brutalement une baisse. « La vitesse, c'est la différence entre une claque et une caresse », dit Pascal Dunikowski, à la Direction générale de la Sécurité routière du ministère de l'Intérieur. En pratique, en ville, on ne dépasse d'ailleurs pas la moyenne de 19 km/h, quel que soit le moyen de transport[138]. Les pointes de vitesse ne servent à rien, sinon à intimider les autres usagers ou à se donner l'illusion qu'on a eu raison de prendre la voiture.

[138] Il s'agit bien sûr d'une moyenne, incluant le temps passé à trouver une place de stationnement.

« La ville à 30 est une ville rapide, car elle permet à chacun d'aller à son rythme », assure Patrice Pattée, adjoint (divers droite) chargé de l'urbanisme à Sceaux (Hauts-de-Seine). Dans les quartiers où cette mesure s'applique déjà – et où elle est respectée –, les piétons traversent sans crainte, les parents laissent leurs enfants circuler à pied ou jouer sur les trottoirs, et les cyclistes se sentent en sécurité. Certains carrefours, les « zones de rencontre », sont même limités à 20 km/h, et les piétons y sont prioritaires.

En revanche, rouler à 30 n'est pas très agréable pour l'automobiliste ou le motard, qui doit en permanence contrôler sa vitesse, se préparer à rétrograder ou à freiner, porter une attention aux cyclistes, plus nombreux, et aux piétons, moins intimidés. Impossible, dès lors, de rouler distraitement, en tenant le volant d'une main ou en téléphonant. On éprouve alors un sentiment de frustration, notamment la nuit, lorsque la circulation est lâche. On a l'impression de ne plus être un usager légitime. « À 30 à l'heure, on se traîne », entend-on souvent. C'est vrai. Et c'est très exactement l'objectif de la mesure.

Dans une ville à 30, la voiture et la moto sont des objets bienvenus. Mais pas indispensables.

Les vertus de la limitation de la vitesse sont de plus en plus admises par les riverains et leurs élus. Les quartiers à 30 km/h ne sont plus des exceptions, et certaines municipalités, en particulier des villes d'Île-de-France, ont même fait de cette limitation la règle plutôt que l'exception. En 2015, la municipalité de Grenoble a pu, au terme d'un travail de persuasion, convaincre la grande majorité des 49 communes de la métropole de limiter la vitesse de manière uniforme, sauf sur quelques axes.

Malgré cela, la notion de « ville apaisée » ne progresse que lentement dans les esprits. Certes, chacun déplore le bruit de la circulation incessante, les accidents corporels, le risque encouru jusque sur le trottoir, parfois la mort d'un chat, écrasé par une voiture. En fait, tout le monde serait d'accord pour vivre dans un quartier limité à 30 km/h, mais chacun aimerait rouler vite ailleurs, chez les autres. C'est le syndrome OIMBY, *only in my backyard*, « seulement dans mon jardin », le contraire du fameux NIMBY, « pas dans mon jardin ».

En pratique, la ville apaisée doit se décider localement… et unilatéralement. Sous peine de rejet. Le maire de Strasbourg, Roland Ries (PS), a proposé, en mai 2011, la généralisation des zones 30. Mais la Chambre de commerce et d'industrie a mené une intense campagne pour le « non », et 55 % des électeurs ont rejeté la réforme. En Suisse, le 4 mars 2001, un projet « pour plus de sécurité à l'intérieur des localités grâce à une vitesse limitée à 30 km/h » avait également été rejeté par votation populaire : 79,7 % des électeurs et la totalité des cantons avaient voté contre.

Or, c'est aux décideurs politiques de prendre cette responsabilité. Le référendum est parfois la pire manière de trancher des sujets complexes… et la meilleure façon d'enterrer un projet controversé. Les esprits s'échauffent, les discours faciles enflamment les foules, les invectives pleuvent et les véritables enjeux sont vite oubliés.

Et la plupart du temps, lorsque les pouvoirs publics limitent *de facto* la vitesse, par exemple lors de la réalisation d'une ligne de tramway, ils ne demandent l'avis de personne. Pendant les longs travaux, et plus encore une fois l'ouvrage terminé, on roule moins vite. La légitimité et le programme électoral des élus suffisent à justifier l'aménagement. Pour Maria Vassilakou, vice-maire écologiste de Vienne, d'origine grecque, les responsables politiques

« doivent savoir ce qu'ils veulent, établir un programme et s'y tenir[139] ».

Les perceptions faussées des élus

En 1991, les élus et les citoyens européens partageaient déjà la même vision de la ville[140]. À une large majorité – 85 % du grand public et 90 % des élus –, les uns et les autres considéraient que les piétons devaient être prioritaires sur les véhicules motorisés, et se prononçaient en faveur de la limitation de la circulation dans les centres et de la création de zones piétonnes. Mais la principale révélation de l'enquête est ailleurs : quand on demande aux élus quelle est, à leur avis, la perception du grand public, ils sont perdus. Ainsi, les édiles pensent que seuls 43 % de leurs administrés souhaitent la priorité des piétons sur la voiture, quand ils sont en réalité 85 % à encourager cette idée. De même, si 73 % des citoyens et 69 % des élus sont en faveur de la priorité du vélo sur la voiture, les élus pensent que seuls 30 % du grand public souhaitent cette mesure.

Mettre la rue au pouvoir

Pour apaiser la ville, plusieurs associations de piétons ou de cyclistes proposent l'instauration d'un « code de la rue ». Le code de la route avait été conçu au début du XXe siècle pour encadrer la circulation des véhicules motorisés, jugée anarchique. Puis les automobiles s'étaient progressivement imposées comme uniques véhicules sur la voirie. Le code

[139] Propos tenus à Velocity 2013, à Vienne.

[140] Union internationale des transports publics, CEE, 1991 ; étude menée auprès de 15 000 citoyens et de 157 élus des 12 pays qui composaient alors la Communauté économique européenne ; www.gracq.be

de la route s'appliquait donc désormais « à tout le monde » puisque ce « tout le monde » était constitué d'automobilistes. Mais depuis que les « modes doux » sont encouragés, le code de la route n'est plus adapté « à tout le monde ». Pour tenir compte de cette évolution, en Belgique, un « code de la rue », *straatcode* en néerlandais, a été adopté par un arrêté royal en 2003.

Deux villes, l'une aux Pays-Bas, Drachten (44 000 habitants, dans le nord du pays) et l'autre en Allemagne, Bohmte (12 000 habitants, Basse-Saxe), ont poussé la logique encore plus loin. Les feux tricolores ainsi que toute signalisation routière, sur les panneaux comme au sol, y ont été supprimés. L'objectif de cette expérimentation, imaginée par un ingénieur néerlandais, Hans Monderman, vise à « responsabiliser les usagers de la route pour les rendre acteurs de leur propre sécurité[141] ». Les automobilistes, cyclistes et piétons sont amenés, par la force des choses, à faire attention les uns aux autres et se comportent avec courtoisie. On ne déplore pratiquement plus aucun accident. Bien sûr, dans un tel environnement, lorsqu'on prend le volant, ce n'est plus par plaisir, mais par nécessité. Et la plupart des habitants ont compris que leur véhicule rapide, celui qu'on prend pour traverser la ville, c'est le vélo.

On a, en réalité, moins besoin d'aménagements cyclables que de défaire les équipements qui bloquent les itinéraires : routes à quatre voies en pleine ville, ponts ou tunnels réservés aux voitures, ronds-points périlleux à traverser, etc. « La meilleure manière de ralentir les voitures, c'est de mettre des gens sur la chaussée, car personne n'a envie d'écraser un piéton », assure sans rire Sonia Lavadinho, qui suggère de multiplier les terrasses de café, d'élargir les passages pour piétons,

[141] « Route ou rue nue », sur le site « Nouvelle énergie pour Septeuil ».

mais aussi, ponctuellement, d'organiser des vide-greniers ou des dimanches sans voiture. À Paris, l'un des premiers déclencheurs de la réappropriation par le vélo s'est produit un dimanche de juillet 1994, lorsque la ville, alors dirigée par Jacques Chirac, a procédé à la fermeture de la voie sur berge de la rive gauche, conçue à l'époque pompidolienne comme une autoroute urbaine. « On s'est aperçu que les Parisiens possédaient des vélos et qu'ils aimaient ce moyen de transport », constate la militante Isabelle Lesens, alors chargée de mission « vélo » au ministère de l'Environnement.

Lorsqu'on se déplace à l'aide de ses muscles, on s'épargne les grands détours inutiles. Il faut des brèches, passerelles, routes ou ponts pour réduire l'impact des nombreuses coupures qui séparent hermétiquement les quartiers : autoroutes, boulevards rapides, voies ferrées, gares de triage, rivières, zones industrielles et commerciales, cimetières, parcs de loisirs, aéroports ou résidences fermées. Copenhague a inauguré en 2014 Cykelslangen, « le serpent à vélo », une passerelle dédiée aux cyclistes qui relie deux quartiers de la capitale danoise. À Utrecht (Pays-Bas), où plus d'un tiers des trajets se font à vélo, l'autorité chargée des transports a matérialisé le franchissement des voies ferrées et du large canal qui relie le Rhin à l'IJmeer, mer intérieure.

Penser l'aménagement cyclable

Un schéma cyclable requiert autant de technicité qu'un aménagement de la voirie automobile. Ce travail, sérieux et documenté, implique tout d'abord une réflexion sur l'échelle de décision. Plusieurs niveaux sont imbriqués. En France, le maire est souvent en première ligne, à la fois parce que la commune est considérée comme l'échelon local par excellence et que le rayon d'envergure du vélo se prête à des décisions locales. Mais les déplacements, dans leur ensemble, concernent les bassins d'emploi qui ne correspondent pas toujours aux démarcations territoriales. L'échelle la plus pertinente semble donc être le « Schéma de cohérence territoriale », une instance qui ne dispose toutefois pas de pouvoir politique.

Les trajets à vélo, compris entre 500 mètres et 10 kilomètres, doivent pour leur part se penser à l'échelle intercommunale. Le morcellement territorial, qu'on l'appelle « mille-feuilles », « pudding » ou « lasagnes », constitue une contrainte supplémentaire : chaque maire applique sa politique en fonction de l'intérêt supposé de ses électeurs. En Allemagne, ou en Italie, les municipalités sont plus vastes et plus peuplées, mieux adaptées à l'échelle cyclable. Aux Pays-Bas, la « région », un échelon plus grand qu'une municipalité et plus petit qu'une province, est responsable pour tous les moyens de transport, vélo compris.

Quelques villes d'Europe ont élaboré des schémas convaincants. À Gdansk, le plan, dessiné au début des années 2010, est conçu pour bénéficier des fonds européens pour la période 2014-2020. Les usagers ont été consultés, les carrefours les plus dangereux identifiés, une hiérarchisation des principaux problèmes posée. Le plan, mené par un « officier vélo », privilégie la « circulation apaisée » et identifie trois niveaux d'équipements : les pistes principales, les déplacements locaux et les marquages liés aux loisirs. De la forme des arceaux aux points de comptage, rien n'est laissé au hasard.

Le schéma directeur des aménagements cyclables 2017-2030 de la communauté d'agglomération de La Rochelle (28 communes) comporte 56 pages, est consultable en ligne, afin de sensibiliser à la fois le grand public, les élus et les techniciens. L'objectif – la multiplication par deux de la part des trajets cyclables – est clairement fixé par le président de la collectivité, Jean-François Fountaine (divers gauche). Une cartographie recense les enjeux et les principales difficultés. La liste des travaux à effectuer est déterminée, commune par commune, ainsi que leur nature, leur durée, leur ampleur, leur coût et leur financement[142]. L'ensemble du processus se déroule en toute transparence.

Mais les plans cyclables ne suffisent pas. À Chartres, Isabelle Mesnard, adjointe à l'animation, explique comment sa ville a réussi à encourager ses administrés à pédaler : « Plutôt que de parler vélo, ce qui embête tout le monde, mieux vaut mettre des vélos partout, ainsi que des accroche-vélos. Les gens les utiliseront[143]. » Dans tous les cas, le soutien du maire et des élus concernés s'imposent. Clément Rossignol, élu (écologiste) à la communauté urbaine de Bordeaux (CUB), en charge des transports, l'assure : « Il faut beaucoup de persévérance, peser dans les arbitrages financiers, mais aussi donner envie, faire des efforts de communication[144]. »

Le périurbain se parcourt à vélo

Le vélo n'est pas réservé aux grandes agglomérations, et les quartiers périurbains ne sont pas voués à demeurer indéfiniment des paradis automobiles. L'usage de la bicyclette produit exactement le même effet dans tous les quartiers, denses ou non, industriels ou résidentiels, populaires ou aisés. L'agglomération de Cergy-Pontoise (Val d'Oise), les alentours de Bourgoin-Jallieu (Isère) ou la zone industrielle de Bergerac (Dordogne) ont beaucoup à y gagner. Dans les petites villes, entourées de zones commerciales et

[142] *Place au vélo dans toute l'agglo*, agglomération de La Rochelle, octobre 2017.

[143] Lors d'une journée organisée par le Club des villes cyclables, à Paris, le 19 mars 2013.

[144] *Ibid.*

de lotissements pavillonnaires, le vélo permet de se rendre partout en moins d'une demi-heure. Dans un environnement périurbain, peu dense, où les commerces se font rares, le vélo sert d'accélérateur. La boulangerie, le petit supermarché, à 25 minutes de marche, sont à 5 minutes à vélo.

La méthode est la même que dans les agglomérations et sa réalisation matériellement plus facile, car l'espace ne manque pas. Il faut élaborer un plan, installer des aménagements, des bandes, sas et pistes, sécuriser les carrefours, poser des arceaux et des garages à vélos, lancer des campagnes de communication. Ce travail d'orfèvre se heurte à moins d'obstacles qu'en zone dense. On peut, sans craindre l'avis d'un technicien revêche, choisir des pistes de couleur ou des revêtements originaux.

Il n'y a pas qu'une seule piste

La France s'est couverte, en quelques années, de pistes cyclables, dessinées dans des quartiers peu passants, le long de voies mal éclairées la nuit, dans des zones périurbaines, au milieu d'un entrelacs de rocades. Hélas, elles sont souvent conçues comme des aménagements cosmétiques. On dessine deux bandes le long du trottoir, on peint des lignes blanches de chaque côté et, à l'aide d'un pochoir, on représente un vélo de profil, avec roues, selle et guidon. Parfois, on se contente de neutraliser un morceau du trottoir pour dessiner ou aménager une piste, sans se soucier des piétons, en créant par exemple des couloirs « mixtes » pour les deux catégories d'usagers, comme on l'a fait à Strasbourg depuis la fin des années 1990.

On doit ces tracés hasardeux à la « loi sur l'air et l'utilisation rationnelle de l'énergie », qui répond au doux acronyme de Laure et que fit voter en 1996 Corinne Lepage, alors ministre de l'Environnement. Le texte affirme comme objectif « la diminution du trafic automobile, le développement des transports collectifs et des moyens de déplacement économes et les moins polluants, notamment l'usage de la bicyclette et la marche à pied[145] ».

L'effet de ces ornements bordant les routes départementales, et sur lesquelles aucun cycliste ne met jamais les roues, est désastreux. « Mais que fait-on avec nos impôts ! », s'exclamera le quidam dans son habitacle, d'autant plus furieux si, pour aménager la voie cyclable, on a empiété sur la chaussée. En ville, des aménagements mal conçus forcent les cyclistes à faire un détour ou à s'arrêter à plusieurs feux successifs, alors qu'au volant le tracé reste fluide. Les plus expérimentés s'affranchissent des règles et font « comme les voitures », au risque de s'attirer des remarques cinglantes : « Vous pourriez prendre la piste cyclable ! » Cette organisation ratée décourage en revanche les novices.

On voit parfois apparaître des projets grandioses qui enflamment les médias. Ainsi, en octobre 2012, l'architecte Norman Foster propose la création de pistes cyclables sur des viaducs surplombant Londres. Les cheminements, payants, isoleraient les cyclistes de la circulation générale, où ils risqueraient de ne plus être perçus comme légitimes. Le projet, encensé par les architectes mais critiqué par l'organisation Cycling UK, n'a finalement pas été réalisé.

Piste, mode d'emploi

Les pistes ne sont pas inutiles, notamment dans les villes « débutantes », où elles contribuent à une prise de conscience collective. Au Danemark ou en Suède, elles sont suffisamment larges, 2 à 3 mètres dans chaque direction, pour qu'on puisse y

[145] Article 228 de la loi du 1er janvier 1997.

pédaler à la fois en mode « pépère » et « je vais être en retard au bureau ». La tradition, en France, veut qu'on les peigne en blanc, ou alors en vert, la couleur de la gentille écologie et des arbres où piaillent de joyeux petits oiseaux. Peu importe, l'essentiel étant qu'elles soient identifiées par l'ensemble des usagers de la route. À Berlin, Wroclaw (Pologne) ou en Belgique, les bandes sont rouges. Aux Pays-Bas, d'un bout à l'autre du pays, on a également choisi le rouge, aussi bien pour l'asphalte que pour les pavés. Au Danemark, les pistes sont bleues et on les repère même d'avion !

Le choix du revêtement importe au moins autant que la couleur. Il ne doit pas être trop glissant, surtout sous la pluie. Il faut également soigner le passage de la route à la piste, supprimer tout seuil, comme on devrait également le faire pour faciliter le cheminement des poussettes ou des fauteuils roulants.

Les pistes cyclables sont des aménagements pérennes. Or, elles sont souvent conçues comme des lieux subsidiaires, qu'on peut sans dommage soustraire à la circulation pour les réserver momentanément à d'autres usages : le marché deux matinées par semaine, la brocante quatre dimanches par an, la fête populaire trois semaines à l'automne, le stationnement des forces de police les jours de match, etc.

L'entretien et le nettoyage s'imposent. Un nid de poule apparemment inoffensif met en danger les utilisateurs et peut endommager un pneu et même une roue de vélo. Il faut, selon la saison, nettoyer, balayer ou déneiger. À Copenhague, lorsqu'il a neigé, les services de la voirie s'attaquent en priorité aux pistes cyclables, avant de déblayer les voies automobiles. Cela semble une évidence mais, en France, lorsque vient l'automne et ses feuilles mortes puis l'hiver et ses chutes de neige, la plupart des municipalités négligent les pistes, dont les services de voirie se servent pour stocker les végétaux ou les amas neigeux.

Le «plan vélo» de mars 2014

Un plan à droite, un plan à gauche. Après le «plan vélo» dévoilé en janvier 2012 par Thierry Mariani, ministre de Nicolas Sarkozy, Frédéric Cuvillier, ministre de François Hollande, a présenté en mars 2014 un «plan d'action pour les mobilités actives», PAMA en jargon administratif, qui comporte 25 mesures. Prises individuellement, ces normes disparates ne sont pas forcément lisibles mais, ensemble, elles visent à fournir aux collectivités locales une «boîte à outils» de nature juridique. Ainsi les maires pourront-ils limiter à leur guise, dans certaines rues, la vitesse à 30 ou 20 km/h, voire à «l'allure du pas». Parallèlement, les automobilistes garés sur les pistes cyclables ou sur les espaces dédiés aux piétons seront redevables d'une amende de 135 euros et non plus seulement de 35 euros. L'indemnité kilométrique pour les cyclistes, mesure symbolique retenue par les médias, demeure toutefois soumise à la bonne volonté d'employeurs qui se trouveront certainement d'autres manières de dépenser leurs bénéfices, lorsqu'ils en font. On remarque enfin que le PAMA, s'il ne coûte pas un centime au contribuable, ne formalise ni budget, ni échéancier.

La boîte à outils

C'est aux endroits où il doit affronter le flux automobile qu'il faut aider le cycliste. À Stuttgart, Barcelone ou Angers, des bandes de couleur, rouges ou bleues, sont peintes sur la chaussée au milieu des carrefours, pour sécuriser le passage. Personne ne peut les ignorer, ni les cyclistes, ni les automobilistes. Les «sas», espaces dessinés juste derrière un feu tricolore, permettent de se positionner en sécurité et de disposer d'une certaine avance sur la circulation automobile lorsque le feu passe au vert. À Londres, pour que chacun comprenne l'utilité de ces espaces, leur violation par un véhicule motorisé est sanctionnée d'une amende de 100 livres sterling (116 euros) et d'un retrait de 3 points sur le permis de conduire, qui en compte 12.

La promotion du vélo n'est ni de gauche ni de droite. En France, les deux aménagements les plus récents ont été généralisés sous la présidence de Nicolas Sarkozy : les doubles sens cyclables (2010) et les « tourne-à-droite » (2012), qui répondent à une pratique aussi simple que leur nom est inutilement compliqué. Rebaptisés dans le jargon de l'administration française « cédez le passage cycliste au feu », ces panonceaux permettent aux cyclistes, à certains carrefours, de s'affranchir du feu rouge. On remarquera que ces deux équipements entérinent des situations bien plus qu'ils ne les autorisent. Cela fait longtemps que les cyclistes empruntent les sens interdits et qu'ils grillent les feux. « Puisque ces mystères me dépassent, feignons d'en être l'organisateur », écrivait Jean Cocteau.

Les feux de signalisation synchronisés selon la vitesse d'un vélo, environ 20 km/h, sont monnaie courante au Danemark ou aux Pays-Bas. On les appelle « ondes vertes », un terme qui fait référence à la couleur du feu et non, pour une fois, à l'environnement. Lorsqu'il pleut, la ville néerlandaise de Groningue (190 000 habitants et 55 % de trajets à vélo revendiqués) modifie la régulation des feux rouges pour faciliter la progression des cyclistes.

Les « autoroutes cyclables[146] », communes aux Pays-Bas ou au Danemark, desservent les quartiers excentrés ou relient des villes relativement proches, telles Malines et Anvers, ou

[146] Ces voies portent parfaitement leur nom, même si certains élus écologistes, en France, préfèrent pudiquement parler de « rocades radiales », un terme parfaitement hermétique.

Bruxelles et Louvain, en Belgique. Ces voies larges, réservées aux seuls cyclistes, empruntent le chemin le plus court : les courbes sont étudiées afin que l'on puisse y rouler à 25 km/h avec une monture en bon état. Dans la banlieue de Copenhague, elles sont équipées, tous les kilomètres et demi, de pompes à vélo.

Des « autoroutes » de ce type sont à l'étude ou en construction dans la Ruhr, en Norvège, ou en Flandre. Strasbourg et Grenoble mettent en place de larges itinéraires séparés de la circulation afin de desservir l'ensemble de l'agglomération. Dans les villes au relief marqué, comme Lausanne (Suisse), on encourage les cyclistes à emprunter les rues les plus douces, en y ménageant, par exemple, des doubles sens. À Saint-Étienne, un garage collectif a été inauguré en janvier 2014 au pied de la montée du Crêt de Roch.

L'inventivité n'a pas de limites. Aux Pays-Bas, en Suisse, en Allemagne ou au Danemark, on imagine des ronds-points cyclables, remonte-vélos, pièces métalliques permettant le passage sécurisé des rails de tramway, etc. À Sofia, les escaliers menant aux stations de métro sont dotés de rails pour faciliter le passage d'une roue de vélo. Toutes ces inventions, utiles dans certains lieux, ne méritent pas nécessairement qu'on les généralise. Des pistes cyclables chauffées par géothermie, imaginées par un bureau d'ingénieurs néerlandais pour contrer les rigueurs de l'hiver, ont fait les titres des médias à l'automne 2012. Séduisant, mais hors de prix.

En revanche, le balisage des itinéraires n'est pas superflu. Le vélo ne dispose pas d'industriels généreux, prêts à poser des bornes et éditer des cartes, comme le fit Michelin, ou à installer des panneaux de signalisation au bord des routes, comme Citroën. Il appartient donc aux pouvoirs publics de dessiner pour les cyclistes des pictogrammes spécifiques, qui seront reconnus immédiatement. Aux Pays-Bas, à l'initiative d'une association, des panneaux aux inscriptions rouges sur fond blanc indiquent les directions des quartiers et des villes voisines. À Vienne, en Autriche, les « petits bonshommes » verts et rouges destinés aux piétons sont adaptés. Rouge, le cycliste met un pied à terre, son vélo légèrement incliné. Vert, le cycliste est en selle, les pieds calés sur les pédales, prêt à démarrer.

Un itinéraire cyclable ?
Oui, mais pas devant chez moi !

La voirie d'Utrecht, aux heures de pointe, ne suffit plus à absorber la masse des cyclistes. Les principaux flux traversent la ville, de l'ouest, où se trouve un important quartier résidentiel, à l'est, où est implantée l'université. Sur cet axe, entre 7 heures et 9 heures, les pistes sont encombrées, on pédale difficilement à plus de 10 km/h. Les urbanistes municipaux veulent inciter les cyclistes à emprunter des voies de délestage, des rues tranquilles dans des quartiers moins fréquentés. Des plans ont été dessinés, des panneaux posés, des marquages au sol aménagés. Mais les riverains de la nouvelle « autoroute pour vélos » protestent. Ils aiment se déplacer en pédalant, mais redoutent le passage de milliers de cyclistes devant chez eux. Partout, où vous voudrez, mais pas chez moi...

Le stationnement : le nerf de la guerre

On distingue deux types de moyens de transport : celui dont on ne soucie plus, une fois le trajet effectué, et celui qui nécessite un stationnement. Dans la première catégorie entrent les modes collectifs, train, bus, tramway, téléphérique, mais aussi le taxi, Autolib' ou le vélo en libre-service. Ces objets sont conçus pour servir au plus grand nombre et, lorsqu'ils ne sont pas utilisés, des lieux de stockage sont prévus par la collectivité ou le transporteur. La deuxième catégorie rassemble les modes individuels que sont la voiture, le deux-roues motorisé, le vélo, la trottinette, les rollers ou les skis... La marche est un moyen de transport particulier. On transporte son propre corps et on lui réserve un autre usage une fois arrivé à destination, quitte, pour cela, à se débarrasser de quelques oripeaux, gants, manteau, bonnet, voire bâton ou déambulateur, qui ne sont pas à proprement parler des outils réservés au déplacement.

Concentrons-nous sur la deuxième catégorie. Comment entrepose-t-on son moyen de transport individuel, vélo, moto ou auto ? À quel endroit, dans un lieu dédié ou non, à quel prix et avec quelles conséquences pour les autres usagers et pour la collectivité ? En posant ces questions, on comprend que le stationnement n'est pas une affaire purement technique ou budgétaire. Il commande le choix du moyen de transport. Si on peut entreposer sa voiture dans un endroit où l'on est sûr qu'il restera toujours des places disponibles, on n'hésitera pas à l'emprunter, même si le trajet se révèle plus long, plus contraignant ou plus cher. Or, on raisonne encore aujourd'hui comme s'il existait un « droit à la place », inestimable mais gratuit. Des stratégies individuelles, des passe-droits, des indulgences passagères, voire un clientélisme résultent de l'envie de milliers de citadins de garer leur prothèse motorisée sans difficulté et de pouvoir affirmer fièrement : « J'ai ma place réservée. »

Dans les zones denses, métropoles ou centres des villes moyennes, la politique du stationnement est fortement contrainte par le manque d'espace. Il n'y a jamais assez de places sur la voirie parisienne ou londonienne pour toutes les voitures individuelles que l'on voudrait y ranger. De même, pour se garer à proximité d'une gare de grande banlieue, à La Ferté-sous-Jouarre (Seine-et-Marne), Ambérieu-en-Bugey (Ain) ou encore Castelnau-d'Estrétefonds (Haute-Garonne), il faut s'y prendre tôt. La même pénurie touche les propriétaires de scooters ou de motos qui tiennent impérativement à laisser leur engin à moins de 50 mètres de l'entrée de la gare ou de leur bureau. Enfin, les cyclistes qui arrivent à la gare ferroviaire de Göttingen (Allemagne) ou de Gand (Belgique), au petit matin, savent qu'il sera difficile de laisser la monture à proximité immédiate de leur quai de départ. *Bike is the new car*, « le vélo est la nouvelle voiture », disent de concert tous les spécialistes du stationnement à Utrecht.

Il faut s'y résoudre : l'espace de stationnement, quel que soit le moyen de transport utilisé, doit parfois être rationné. Le bon sens consiste alors à le réglementer et à encourager les véhicules les moins encombrants. À Strasbourg, dans le quartier de la Krutenau, sur la petite place des Orphelins, une douzaine de places payantes étaient disponibles jusqu'à la fin de l'été 2013. « Ces places exerçaient un attrait sur les automobilistes, qui tournaient dans le quartier dans l'espoir que l'une d'entre elles serait disponible. Depuis qu'on les a supprimées, le quartier est apaisé », relate l'élu Alain Jund, adjoint (écologiste) au maire de Strasbourg en charge de l'urbanisme, qui a annoncé, à la même époque, la suppression de plusieurs dizaines de places dans le cœur historique de la ville.

Le choix de la simplicité

La société britannique Cyclehoop vend un curieux objet : des arceaux, destinés à l'accrochage des vélos, adossés à un support métallique peint en rose ou en vert qui a la forme – taille réelle – d'une voiture. Ainsi, le passant constate immédiatement quel est l'espace occupé par ces deux moyens de transport. La même société propose de simples volants métalliques qui s'attachent horizontalement aux « potelets » censés empêcher le stationnement des voitures.

Que l'on ait ou non recours à ces gadgets, le stationnement des vélos nécessite une politique d'envergure, globale, à l'échelle du bassin d'emploi, exactement comme la circulation. Or, il arrive que les politiques s'entrechoquent. Dans certaines villes d'Île-de-France, à l'initiative du Syndicat des transports de la région, on a créé des boxes sécurisés où l'on peut déposer un vélo pour 10 à 30 euros par an. Mais on n'en a pas fini pour autant avec la politique du tout-voiture. Ainsi, le parking adjacent est-il gratuit pour les automobilistes résidant dans la commune où se trouve la gare ! Alors même que les résidents les plus proches sont précisément les plus susceptibles de se rendre à la gare à bicyclette.

Le stationnement doit rester simple. Les magnifiques abris au design étudié, dotés de systèmes de fermeture élaborés, petits bijoux qu'il faudra entretenir, ne s'imposent pas nécessairement. Il faut cesser de penser que, sous prétexte de « développement durable », « rien n'est trop beau pour le vélo ». Un box doit surtout être pratique, à l'image des racks superposés que l'on trouve partout aux Pays-Bas. Il n'est pas interdit, en revanche, de disposer, dans ces espaces, de toilettes, casiers de rangement, douches, machine à café, outils, rustines, etc. Enfin, il faut enlever régulièrement les épaves rouillées et abandonnées. C'est aussi une question d'image.

Dans les gares néerlandaises, belges, suisses ou allemandes, les espaces dédiés sont aménagés, gardés, sécurisés. Parfois, il faut verser 1 euro pour laisser sa monture une journée. Curieusement, les associations qui représentent les cyclistes néerlandais, ainsi que la plupart des responsables politiques, rechignent à l'idée de payer. Et pourtant, se garer sans risque à proximité de l'endroit où l'on se rend constitue un service estimable, auquel on peut donc fixer une certaine valeur.

Le stationnement est enfin un enjeu à l'intérieur des bâtiments, bureaux ou immeubles d'habitation. À Münster ou à Malmö, on n'envisage pas de construire de nouveaux logements ou établissements scolaires sans les doter de vastes et confortables locaux destinés aux vélos, facilement accessibles et indépendants des pièces où l'on entrepose les landaus et poussettes, ou encore les poubelles. Devant chaque magasin de Bolzano, en Italie, sont installés une dizaine d'arceaux, pour les clients. En revanche, dans les cours exiguës des immeubles parisiens ou romains, la bataille pour l'espace fait rage entre voitures, poussettes, pots de fleurs et bicyclettes. Et les abris à vélos ont disparu des cours des lycées, en France, sous prétexte qu'ils constitueraient une menace pour la sécurité...

C'est un combat de tous les instants et à tous les niveaux, qui concerne aussi bien les promoteurs immobiliers que les décideurs politiques ou les syndics de copropriétaires. En France, un décret de juillet 2012, issu du Grenelle de l'environnement, oblige les promoteurs à inclure dans les logements neufs un local destiné au rangement des vélos. La mesure est à double tranchant. Appliquée correctement, elle incite effectivement les habitants à recourir au vélo. Mal comprise, elle peut avoir l'effet inverse : on se contente de bâtir un petit réduit au premier étage, ou derrière une porte aux lourds battants. Le local apparaît alors comme une fioriture coûteuse et inutile.

Entre intermodalité et conflit

Le vélo n'est pas seul sur la route. Il est à la fois concurrent et complémentaire des autres modes. Concurrent car il occupe les mêmes espaces, au risque de provoquer des conflits. Complémentaire, car son usage s'articule avec la voiture, le bus, le métro, le train, la marche et même l'avion ! Et ceci au cours du même trajet, dans la même journée ou à différents moments de la semaine. On appelle ça l'intermodalité.

Deux pieds, deux roues

Tout voyage commence à pied. La marche est le moyen de transport le moins rapide, mais aussi le plus simple, le plus évident, le moins encombrant. On ne fait pas plus fluide. Et c'est vrai partout, dans les villages, à la campagne, dans les zones commerciales ou dans les quartiers pavillonnaires. Cela implique de repeindre régulièrement les passages zébrés, d'agrandir les trottoirs, de ralentir les vitesses, de penser aux cheminements pour les piétons lorsqu'on entreprend des travaux. Une besogne peu spectaculaire, mais essentielle.

Pour les trajets de quelques centaines de mètres, le vélo et la marche sont concurrents. Pourquoi détacher sa monture, se mettre en selle, l'attacher de nouveau, tout cela pour gagner à peine quelques secondes ? Mais au-delà, les deux modes sont complémentaires. Mieux, ils sont alliés. À Toulouse, l'association Vélo a entériné ce fait, et s'appelle désormais « Deux pieds, Deux roues », à l'instar de « Brest à pied et à vélo ». Piétons et cyclistes se déplacent en effet sans occuper beaucoup d'espace, à une vitesse régulière, de manière libre. Le vélo demeure la *Laufmaschine* du Baron Drais, les bottes de sept lieues du Petit Poucet. Tout ce qui facilite la vie du piéton est un atout pour le cycliste. L'inverse n'est pas tout à fait vrai, comme en témoignent les pistes dessinées sur le trottoir ou les arceaux disposés en travers du chemin.

Lorsque le vélo commence à émerger, la cohabitation avec les piétons n'est pas toujours aisée. C'est ainsi qu'après avoir autorisé les cyclistes à rouler sur les trottoirs, la communauté urbaine de Strasbourg a été condamnée par le tribunal administratif[147], en janvier 2013, à mettre fin à ces « zones mixtes ». En pratique, pourtant, cela n'occasionnait que des petites crispations. La sonnette, klaxon péremptoire,

[147] Tribunal administratif de Strasbourg, 23 janvier 2013.

tinte de manière intempestive, le cycliste roule lentement sur le trottoir, tête baissée, pour ne pas croiser le regard de ceux qu'il dérange, le piéton s'habitue à effectuer un petit écart préventif, exactement comme le cycliste qui voit arriver une grosse cylindrée à vitesse soutenue. On parle alors de conflit d'usage, ce terme pudique inventé par les sociologues pour traduire le mot « connard » que l'on entend fréquemment dans le brouhaha urbain. En revanche, les piétons s'en prennent moins facilement aux automobilistes, caparaçonnés dans leur habitacle, qu'aux cyclistes. Il est plus tentant d'interpeller quelqu'un qui se trouve devant vous, qui vous voit et vous entend, qu'une personne entraperçue à travers une vitre...

Tout se passe comme si les piétons considéraient les voitures comme légitimes. Non qu'ils soient nécessairement des automobilistes descendus quelques minutes de leur véhicule, mais l'omniprésence de la voiture leur semble naturelle. Ces comportements rappellent au fond ceux qui régissent une cour de récréation : les grands s'en prennent aux moyens, qui se vengent sur les plus faibles. En retour, les plus petits respectent les plus grands, qu'ils considèrent comme leurs protecteurs.

Assurer l'interconnexion

Le vélo a longtemps été considéré comme un rival par les aménageurs des transports en commun. Du point de vue du machiniste ou du conducteur de tramway, les cyclistes « occupent de l'espace, sont individualistes, ralentissent le trafic et constituent une concurrence », résume Alain Flausch, secrétaire général de l'Union internationale des transports publics, qui siège à Bruxelles. En pratique, cette rivalité diffère selon les villes : de la coopération à Innsbruck, où l'on peut transporter son vélo sur un râtelier situé à l'avant des bus, à la franche hostilité de la part de la Régie des transports de Marseille, comme le concède Pierre Séméeriva, vice-président (écologiste) de la communauté urbaine en charge du « développement durable » entre 2008 et 2014.

L'intermodalité entre transports publics et bicyclette implique des garages à vélo sécurisés et des arceaux près des gares ou des stations de tramway. Mais attention au succès ! « Le stationnement attire les vélos, exactement comme les nouvelles voies génèrent de la circulation supplémentaire », prévient Alain Jund, à Strasbourg, où 1500 places ont été aménagées à proximité de la gare à la suite de longues négociations avec la SNCF. En outre, les cyclistes doivent pouvoir rouler entre les rails du tramway ou dans les couloirs de bus. Il s'agit de voies généralement sûres, où ne circulent, par définition, que des chauffeurs professionnels, et qui demeurent – en principe – vides une partie du temps.

Les Pays-Bas, comme souvent pionniers, ont imaginé un système ingénieux appelé OV-fiets. Les usagers des transports publics, qu'ils empruntent le train régional entre deux villes ou le métro de Rotterdam, peuvent louer un vélo dans chaque gare, à l'aide d'une simple carte magnétique. Le dispositif, créé en 2003, remporte un grand succès. Le nombre d'abonnés, de 11 000 en 2004, a augmenté progressivement pour atteindre les 100 000.

Deux sénateurs flamands, David Geerts et Karin Temmerman (socialistes), plaident pour la gratuité du transport du vélo dans le train. Jusqu'à présent, les « navetteurs », comme on dit en Belgique, payent 5 euros pour chaque trajet avec vélo. « Si nous voulons convaincre davantage de personnes de laisser leur voiture à la maison, c'est un devoir absolu de permettre le transport gratuit des vélos », expliquent les élus. Le raisonnement est étonnant. Une monture prend de la place. Imagine-t-on des automobilistes réclamer la possibilité de transporter gratuitement leur auto sur les trains ?

Avec la voiture, un mariage de raison

« L'industrie automobile produit l'outil le plus improductif qui soit[148] », lâche le sociologue et consultant Bruno Marzloff. Une à deux tonnes d'acier, de plastique, d'électronique et de produits chimiques pour transporter un être humain de 50 à 100 kg. Et pourtant, l'automobile demeure un objet extraordinaire qui possède la capacité d'aller loin, d'une simple pression du pied. Puisque cet objet existe, et qu'il est largement répandu, autant l'utiliser intelligemment. Ainsi, celui qui pédale régulièrement peut avoir besoin d'une voiture de temps à autre : pour transporter un parent âgé, un meuble lourd, rendre visite à des amis éloignés ou partir en vacances en famille. Les usages astucieux de l'automobile sont multiples et existent déjà, plus ou moins encouragés par les pouvoirs publics : covoiturage, taxi, autopartage, location, échange ou location entre particuliers.

Le covoiturage connaît un fort développement dans tous les pays d'Europe. Deux entreprises, Blablacar, basée à Paris, et Carpooling, à Munich, dominent le marché, qui concerne surtout les voyages interurbains. L'habitacle devient un lieu social, un peu comme le bistrot du village où l'on s'installe pour taper le carton ou regarder, ensemble, la télévision. En outre, une voiture partagée perd ce statut d'objet privatif et inviolable.

Mais les taxis, qui étaient placés jusqu'en mars 2016 sous la tutelle du ministère de l'Intérieur avant d'être enfin rattachés aux Transports, sont, en dehors de Paris, essentiellement dévolus au transfert de patients qui se rendent à

[148] Bruno Marzloff, « Métro, boulot, dodo, c'est fini ! », *L'Argus*, 27 septembre 2013.

l'hôpital. Et en Île-de-France, on n'en croise que dans les quartiers chics et les aéroports où les cadres dirigeants, ultra-connectés, constituent une clientèle rémunératrice. Ces mêmes clients intéressent également Uber et les autres sociétés de « VTC », voitures de tourisme avec chauffeur. Or, le taxi et Uber, même s'ils ne le savent pas encore, sont les amis du vélo : grâce à la transition cyclable, ces véhicules pourraient constituer un moyen de transport alternatif, populaire, disponible aussi bien dans les banlieues que dans les petites villes.

Les sociétés d'autopartage présentent tous les avantages de la voiture sans les inconvénients. Les utilisateurs, qui ont au préalable souscrit un abonnement, peuvent réserver un modèle pour quelques heures ou quelques jours. C'est une location de voiture, mais dans le cadre d'un contrat à l'année. Ces sociétés, présentes en Allemagne, Autriche, Suisse ou Belgique, ainsi que dans une quinzaine de villes en France, proposent aussi bien des citadines que des berlines ou des fourgonnettes, adaptées à tous les usages. Bientôt, on pourra peut-être y emprunter occasionnellement un 4x4 ou une Maserati, pour le plaisir de faire de la route le week-end. Et on ne paie que lorsqu'on s'en sert. L'autopartage et le vélo sont complémentaires. Les fondateurs de ces sociétés roulent d'ailleurs eux-mêmes à vélo, quitte à provoquer l'incompréhension des concessionnaires décidés à leur vendre de nouveaux modèles : « Comment ? Votre métier consiste à louer des voitures et vous n'en possédez pas vous-même ? » À l'instar de certains représentants autoproclamés des piétons, qui défendent en réalité la voiture, les loueurs de véhicules en autopartage militent pour le vélo. Chacun avance masqué.

En revanche, le service Autolib', lancé par l'industriel Vincent Bolloré en partenariat avec la Ville de Paris et une cinquantaine d'autres communes franciliennes en décembre 2011, ne contribue pas à la baisse du taux de motorisation. Ce système, dupliqué à Lyon, Bordeaux, Indianapolis (Indiana, États-Unis) ou Singapour, ressemble à l'autopartage. Les petites voitures grises, curieusement appelées Bluecars, sont partagées par plusieurs abonnés successifs. Mais ceux-ci peuvent replacer le véhicule dans la station de leur choix, et non à l'endroit où ils l'ont emprunté. Ce détail, le « *one-way* », comme disent les spécialistes, change radicalement la nature d'Autolib'. Alors qu'il pourrait s'agir d'un système de location de courte durée, le service s'apparente en fait à un taxi que l'on conduit soi-même. Selon l'aveu même d'un adjoint au maire de Paris, et à l'inverse de l'autopartage[149], Autolib' ne supprime pas de voitures dans la capitale[150]. Au contraire, des Parisiens ou habitants de la proche banlieue délaissent le scooter, trop dangereux, le RER, trop pénible, ou le vélo, qu'ils jugent contraignant, au profit de ce transport motorisé. Autolib' est au fond à la voiture individuelle ce que la cigarette électronique est au tabac : présenté comme un moyen de réduire la dépendance, le service constitue en réalité une incitation à commencer[151]. Les bornes, qui ressemblent à des igloos, chauffées et suffisamment vastes pour accueillir un matelas, sont parfois investies par des clochards. Car aujourd'hui, en ville, on a davantage besoin de logements que de voitures. Pour toutes ces raisons, Autolib' et ses avatars ne contribuent pas à une politique cyclable. Le groupe Bolloré, qui cherche surtout à promouvoir ses batteries électriques, ne prétend d'ailleurs pas se préoccuper des déplacements. Cela vaut mieux pour lui, car le service « ne

[149] Enquête nationale sur l'autopartage, Cabinet 6T, janvier 2013.

[150] Pierre Mansat (PC), adjoint en charge de Paris métropole, le 26 mars 2013, lors du colloque « Projet urbain : ville et voiture, une histoire d'amour mouvante ».

[151] Cette comparaison a été soufflée à l'auteur par le comédien Pierre Grammont.

sera jamais rentable », affirme le cabinet de conseil 6T, qui constate que l'usage des véhicules diminue régulièrement.

Entre bikers

Le deux-roues motorisé est un objet hybride : « Voyez mes roues, je suis un vélo ; voyez mon moteur, je suis une auto. » Les motards apprécient les avantages des uns sans perdre ceux des autres : rouler à grande vitesse sur autoroute et se garer gratuitement, accélérer sans effort, voire se faufiler dans la circulation, quitte à emprunter les voies réservées aux bus. Ces véhicules, qui ont connu un fort développement dans les années 1960 sous le nom de vélomoteur, témoignent aujourd'hui de l'adaptation darwinienne des usagers aux encombrements. Dans plusieurs villes du sud de l'Europe, Athènes, Rome, Barcelone, Nice, Marseille ou - c'est une exception septentrionale - Paris, la moto, le scooter à deux ou trois roues, est la nouvelle voiture. Un moyen de transport quotidien, destrier du mâle dominant, le cow-boy des temps modernes, blouson de cuir et casque posé sur l'avant-bras. Si les présidents de la République roulaient en DS dans les années 1960, on a pu en photographier un, dans les années 2010, sur son scooter, casque intégral masquant le visage. « Je vais vite, je n'ai pas de problème de stationnement, car je suis en scooter », se justifient les utilisateurs.

Ces objets, pratiques mais fragiles et onéreux, sont le point aveugle des politiques publiques des transports. Ni vélos ni voitures, ils n'entrent pas dans les schémas mentaux. En pratique, aucune règle n'encadre d'ailleurs leur développement. On tolère plus ou moins le stationnement anarchique, on se résigne aux dépassements de vitesse, on accepte *de facto* le tintamarre des accélérations sauvages, on se contente de déplorer la dangerosité de ces engins. Le deux-roues motorisé favorise les comportements individualistes. L'usager n'est limité ni par la surface de la carcasse comme l'est un automobiliste, ni par l'épuisement des muscles comme l'est un cycliste. En clair, à moto, on peut tout se permettre.

Et pourtant, leur moindre encombrement en fait une alternative crédible à la voiture, à condition d'en limiter les nuisances. À Londres, dans le quartier de Westminster, le stationnement est payant depuis 2009. C'est également le cas, à partir d'avril 2018, à Charenton et Vincennes (Val-de-Marne), où les maires constatent « de plus en plus d'incivilités, tel l'irrespect des règles de stationnement ou la circulation anarchique sur l'espace piéton » (*Le Figaro*, 29 janvier 2018). À Singapour, les roues des contrevenants sont bloquées par des sabots. À Gènes et en Ligurie, où le deux-roues motorisé est un moyen de transport répandu, les conducteurs qui garent leur engin en dehors des places matérialisées sur le sol risquent une verbalisation.

Partout, les services de fourrière étudient les dispositifs pour enlever, sans dommage, des deux-roues motorisés mal garés. Les sanctions des fréquents dépassements de vitesse laissent en revanche à désirer, et il conviendrait de réorganiser la voirie afin de limiter les accélérations intempestives. Aux Pays-Bas, où les cylindrées inférieures à 50 cm^3 ont le droit de circuler sur les pistes cyclables, le Parlement a autorisé la municipalité d'Amsterdam, qui le demandait depuis longtemps, de déroger à la loi, et de les interdire. En France, depuis un décret de 1998, les pistes cyclables sont strictement réservées aux vélos, mais certains conducteurs motorisés s'affranchissent allègrement de cette règle.

Le pouvoir de l'argent

On ne choisit pas nécessairement son mode de déplacement en fonction de son coût. L'incitation financière peut stimuler, mais c'est surtout la contrainte qui décide. La perspective d'économiser quelques euros change-t-elle autant les comportements que la crainte de dépenser une lourde somme ? Quittera-t-on plus facilement son habitacle le jour où il faudra remplacer une aile de carrosserie ou parce que l'abonnement annuel au vélo en libre-service est gratuit ou bon marché ?

En Belgique, on récompense le fait de pédaler pour se rendre au travail. Les employeurs ont la possibilité d'accorder une indemnité de 22 centimes, exonérée de cotisations sociales et non imposable[152]*, pour chaque kilomètre parcouru à vélo. En France, la loi de transition énergétique de 2015 autorise les employeurs à accorder à leurs salariés une indemnité kilométrique vélo (IKV) de 25 centimes, censée couvrir les frais liés aux déplacements. Pour la FUB, l'IKV devrait être obligatoirement versée par les employeurs. Geneviève Laferrère, son ancienne présidente, est persuadée que cette mesure pourrait amener les salariés à se déplacer à vélo : « Les gens adorent grappiller quelques centimes. » Pourtant, en Belgique, rien n'indique que la transition cyclable entamée dans les villes de Flandre soit liée à cette indemnité.*

Les incitations peuvent prendre d'autres formes. Aux Pays-Bas ou en Italie, les pouvoirs publics versent une aide à l'achat d'un vélo. En France, des dizaines de villes et agglomérations subventionnent l'achat d'un vélo à assistance électrique (VAE), par des primes allant de 100 à 500 euros. Une partie des collectivités ont toutefois supprimé ces versements

[152] Détails sur le site du Gracq, www.gracq.be/AVELO/006AuBoulot

lorsque l'État a décidé, en février 2017, d'accorder à tout acheteur de VAE une aide à l'achat de 200 euros.

Suivant cette logique de l'incitation par l'argent, Strasbourg avait institué, en 2012, une « amende minorée » pour les cyclistes grillant un feu rouge : 45,6 euros au lieu de 90 euros pour un usager motorisé. L'expérimentation a été abandonnée en mai 2017, faute de résultats probants.

Toutes ces incitations se basent sur l'idée que les choix en matière de déplacements obéissent à des impératifs budgétaires. Outre que cela est manifestement contestable, il serait plus efficace d'en finir avec les subventions déguisées à l'industrie automobile, telle que les primes de milliers d'euros versées à l'achat d'une voiture électrique, prolongées chaque année depuis 2012, ou le remboursement de « frais kilométriques » aux automobilistes vivant à moins de 80 kilomètres de leur lieu de travail.

DÉPASSER LES RÉTICENCES

Une politique des déplacements cyclables bute systématiquement sur un obstacle : le libre-arbitre de chacun. Promouvoir les transports en commun ne présente pas les mêmes difficultés. L'élu s'adresse en substance à ses administrés de la façon suivante : « Voici la ligne de tramway financée grâce à vos impôts et l'aide de l'État, c'est joli, c'est soigné, on a mis huit ans à terminer les travaux, et maintenant montez dedans pour essayer. » En revanche, encourager les déplacements à vélo, c'est risquer les objections individuelles : « Ma mère n'a plus toutes ses jambes », « l'autre jour j'ai eu une bronchite », « et comment on fait lorsqu'il pleut ? », « on ne peut pas transporter un réfrigérateur sur son porte-bagage », « j'ai une collègue qui vit à la Croix-Rousse (ou à Montmartre) », « l'an dernier il a neigé », etc. Toutes ces objections, prises séparément, sont certes légitimes. Mais, lancées à la cantonade, elles servent surtout à justifier que des gens en pleine forme montent dans leur voiture pour tous les trajets et par beau temps. Cela s'appelle « se cacher derrière son petit doigt ».

Petits coups de pédale

On le reconnaît de loin, le type sentencieux (ou la fille pas drôle, mais c'est plus rare) qui vous explique, à la fin d'un bon repas, alors que les bouteilles vides parsèment la table et que tout le monde est enfin détendu, comment vous comporter pour rester en bonne santé et dépenser moins d'argent. Un messager de mauvaise augure, un habitant des grandes villes qui impose son mode de vie, un citadin qui tord le bras du périurbain, un intellectuel qui voudrait que les manuels, non contents de travailler avec leur corps, l'utilisent aussi pour se déplacer, un écologiste qui veut faire marcher tout le monde à la baguette. Un donneur de leçons. Un emmerdeur.

Vaincre les réticences exige beaucoup d'énergie. On peut appeler cela information, communication, pédagogie, explication, peu importe. Cela implique à la fois des campagnes d'envergure assorties de slogans simples et de longues discussions avec le quidam qui prend sa voiture pour faire 500 mètres parce qu'il a toujours fait comme ça. Ou avec celui qui se fatigue à marcher un kilomètre à pied tous les matins, sans se rendre compte qu'un outil robuste et bon marché lui permettrait d'arriver trois à quatre fois plus rapidement.

Personne ne change du tout au tout, cesse soudainement de marcher pour faire tous les trajets à vélo, brûle sa carte de transports publics du jour au lendemain, revend sa voiture pour acheter un cycle flambant neuf. Il faut d'ailleurs moins s'occuper des cyclistes potentiels que des trajets potentiels. Untel aimerait pratiquer une activité physique régulière mais son bureau est à 6 kilomètres, et à l'aller ça grimpe. Soit. Mais pour aller chercher le pain, déposer un colis à la poste, retirer de l'argent ? Tiens. Ah oui. On va y réfléchir. Un petit changement de rien du tout. Un petit trajet, tel un cheval de Troie de la transition cyclable. C'est la politique des petits coups de pédale.

Communiquer en toutes occasions

Pourquoi et comment change-t-on d'habitudes ? Faut-il inciter ou contraindre ? L'histoire de la pénurie de pétrole aux Pays-Bas, dans les années 1970, ou celle des travaux du tramway à Bordeaux, en 2000, prouvent que la contrainte extérieure peut constituer un argument de choc.

Nous sommes tous concernés. Emménagement à deux, naissance, déménagement, séparation, deuil : les ruptures de la vie modifient les habitudes. Il faut en profiter pour suggérer de nouveaux usages... ou pour montrer que, malgré le bouleversement, on peut continuer à faire comme avant. Régulièrement, les municipalités organisent de petites cérémonies pour accueillir les habitants qui viennent de s'installer sur le territoire de la commune. Le maire se fend d'un discours de bienvenue, les écoles et les services municipaux sont présentés, on dispose sur une nappe en papier quelques bouteilles de vin local assorti de spécialités du cru. Pourquoi ne pas profiter de ces agapes un peu forcées pour parler des moyens de transport, et en particulier du vélo ?

La communication s'adresse à toutes les strates de la société, les enfants en premier lieu. « L'exemple n'est pas le meilleur moyen en matière d'éducation, il est le seul. Ainsi, le vélo n'échappe pas à la règle, l'enfant ne reproduira que ce qu'il voit tous les jours. Son imaginaire, les représentations de son territoire, de son quartier se construisent également par des pratiques de mobilité active, des mises en situation[153] », écrit Gabriel Plassat, ingénieur à l'Agence de l'environnement et de la maîtrise de l'énergie (Ademe).

Dans les écoles, au Danemark, le vélo est un outil d'éducation. Les professeurs enseignent les gestes simples de la petite réparation. Une fois rentrés à la maison, ce sont les enfants qui instruisent leurs parents... Enseignants, responsables d'éducation, parents d'élève : tout le monde peut y contribuer. À Marseille, financé par le conseil général des Bouches-du-Rhône, le collectif Vélos en Ville intervient dans les collèges. « Les objections des enfants sont innombrables », témoigne Cyril Pimentel, responsable de l'association, qui ne cache pas sa stratégie : « Je ne me positionne pas comme un militant radical, ni un cycliste invincible et infatigable mais comme celui qui parfois, hésite et trouve ça un peu dur. Le plus efficace, c'est quand j'explique que le vélo est le moyen de transport le plus rapide. »

Le guidon d'or et le clou rouillé

Quand on a peu d'argent, rien ne vaut le buzz ! La FUB a décerné chaque année, jusqu'en 2016, deux récompenses aux collectivités locales françaises, le « guidon d'or » et le « clou rouillé ». Les militants ne se contentent pas de récompenser l'action « des meilleurs » mais désignent aussi « les mauvais ». Le « clou rouillé » rappelle les « pavillons noirs » décernés, pendant quelques étés, par la Surfrider Foundation Europe, un mouvement de surfers, aux plages les plus polluées, tandis qu'une association bienveillante et

[153] Gabriel Plassat, « L'avenir du vélo », *Les transports du futur*, 12 mai 2011 ; http://transportsdufutur.ademe.fr

proche de l'État décernait un « pavillon bleu » aux plages considérées comme les plus propres.

En 2013, la FUB a récompensé Tours, pour ses aménagements ayant accompagné la construction du tramway, et sanctionné la communauté urbaine de Marseille, condamnée à répétition par la justice administrative pour ne pas avoir créé les itinéraires cyclables promis. Le « trophée » attribué à la ville méridionale surprendrait presque. Pourquoi avoir attendu si longtemps pour lui offrir le « clou rouillé » alors que les élus, notoirement, ne jurent que par les trajets en voiture ? La FUB a toutefois décidé, en 2017, de ne pas décerner ces trophées, dont l'effet peut être contre-productif, en particulier lorsque la collectivité montrée du doigt décide de ne plus subventionner une association locale.

Sensibiliser tous azimuts

La sensibilisation cible notamment les populations, très diverses, qui ont une image négative du vélo ou qui n'osent pas pédaler, soit par peur, soit par crainte du ridicule. Une étude réalisée dans le cadre du schéma directeur des liaisons cyclables de La Rochelle indique que la fréquence et le type de mobilité varie énormément en fonction du niveau d'études[154]. Les gens qui ont quitté la scolarité en primaire se déplacent peu, moins de 3 fois par jour, et effectuent ces trajets en voiture, à pied ou, pour une petite proportion, en bus. Les personnes qui ont poursuivi leurs études jusqu'au secondaire se déplacent beaucoup plus, près de 4 trajets par jour, dont plus de 2 en voiture. Au niveau bac +2, on parvient à 4,5 déplacements quotidiens, et 3,2 d'entre eux sont moto-

[154] Schéma directeur en faveur du vélo, agglomération de La Rochelle, janvier 2012.

risés. Les titulaires d'un diplôme du supérieur se déplacent près de 5 fois par jour, mais la proportion de trajets en voiture tombe à 3, tandis qu'on voit apparaître le vélo, en moyenne 0,5 trajet par jour. Pour résumer, le nombre de trajets augmente avec le niveau d'études, les trajets motorisés davantage encore mais atteignent un seuil après le niveau bac +2. Les déplacements à pied demeurent remarquablement stables, quel que soit le niveau, et le vélo n'est pratiqué que par deux catégories bien précises : les diplômés du supérieur et les jeunes en cours d'études, lycéens ou étudiants. Ces derniers sont aussi les seuls qui utilisent significativement le réseau de bus.

Pour sensibiliser les divers publics, de nombreuses municipalités créent des « maisons du vélo », où l'on trouve services et informations : location de cycles, plans, marquage pour contrer le vol, ateliers de réparation, organisation de balades, expositions temporaires, etc.

Les vélos-écoles, dont le nom suffit à expliquer la raison sociale, sont très efficaces. On y apprend à apprivoiser sa monture, à s'y sentir bien, à accomplir de courts trajets. Les stages de remise en selle, voire d'apprentissage du vélo, ciblent notamment la minorité marocaine à Anvers, des femmes issues de l'immigration turque ou maghrébine aux Pays-Bas, des personnes d'origine nigérienne ou sénégalaise à Montréal. « Ça marche mieux auprès des femmes. Pour convaincre les jeunes hommes, on leur parle de technique », raconte Liesbeth Driesen, coordinatrice de l'association Cyclo, qui œuvre près du canal de Molenbeek, faubourg populaire de Bruxelles. Mais l'apprentissage, lent, progressif, adapté, séduit surtout les femmes, qui constituent, un peu partout, 90 % des participants. À Santiago du Chili, les responsables de l'association Macleta, comme « *mujeres arriba de la Cleta* », qui a formé 300 femmes depuis 2007, constatent que les élèves « gagnent en estime de soi, développent une meilleure perception de leur corps et un intérêt pour l'activité physique, ce qui va jusqu'à influer sur leurs choix vestimentaires[155] ».

On peut savoir rouler mais craindre d'affronter la ville. À Bruxelles, le « vélo-coaching » organisé par l'association Pro Vélo séduit les salariés qui subissent les encombrements récurrents de la capitale de l'Europe. Des coaches, formés par Pro Vélo, effectuent, trois matins et trois soirs de suite, le trajet domicile-travail avec leur « élève », qui apprend ainsi à affronter la violence de la circulation, apprivoiser les pentes et maîtriser le passage des rails du tramway – autrement dit à vaincre la peur.

Du caractère de la police

Pour la plupart des policiers, une bicyclette est au mieux un jouet, au pire un objet de faible valeur. Une plainte pour vol ? Le propriétaire aura bien le temps d'en acheter une neuve avant le week-end... Les cycles dérobés sont rarement récupérés. Pourtant, des dispositifs, tel Bicycode développé par la FUB, permettent de les marquer, en gravant un numéro sur le cadre. Le gredin, tenté par la proie, hésite à dérober un engin marqué et aisément reconnaissable, donc invendable. Et lorsqu'un vélo est retrouvé, le numéro permet d'identifier son propriétaire. Mais encore faut-il que les forces de l'ordre connaissent ce système et sachent repérer le marquage. Autre pierre d'achoppement : à Paris, entre 2007 et 2009, les membres de l'éphémère comité des usagers Vélib' déploraient qu'à chaque manifestation d'envergure sur la voie publique,

[155] Velocity, Vienne, juin 2013.

notamment sur le fameux trajet République-Nation via *Bastille, la Préfecture de police ordonne le blocage des stations « avant, pendant et après le défilé, pendant trois jours au total ».*

Cycle chic

Sur le pont légèrement bombé qui traverse l'Arno, à Florence, la quinquagénaire, bottes lacées jusqu'au genou, jupe de laine, blouson de cuir et écharpe assortie, a posé le pied à terre, pour répondre au téléphone. Nous sommes en plein hiver, mais cette femme porte de larges lunettes noires, justifiées ce jour-là par le soleil éclatant qui inonde la cité des Médicis. L'élégante repart quelques minutes plus tard, tenant de sa main gauche un sac en papier siglé d'une grande marque du luxe italien ; elle croise sur son chemin un trentenaire, chaussures en daim retourné, jean ajusté, anorak de ville et barbe de trois jours, également juché sur un vélo.

La bicyclette, c'est sexy, c'est photogénique. L'auteur britannique Chris Haddon et le photographe Lyndon McNeil ont parcouru le monde entier pour rencontrer des passionnés et en faire des portraits, rassemblés dans les 160 pages du beau livre *My cool bike*, traduit en français sous le titre *Vive le vélo !*[156].

Le mouvement « cycle chic » est né à Copenhague, sous l'égide du designer Mikael Colville-Andersen : dans plusieurs villes d'Europe, des amateurs photographient des cyclistes, dans diverses situations. Sur le site consacré à Strasbourg[157], on admire de belles images de quidams, en selle ou poussant leur bicyclette à la main. Vêtus avec soin, l'air sérieux et détaché à la fois, ces cyclistes surpris dans leur élan ressemblent

[156] Chris Haddon, *Vive le vélo !*, éditions Hoëbeke, 2013.
[157] www.strasbourgcyclechic.com

à des mannequins défilant sur un podium. On aurait tort de négliger le pouvoir de la photo. Les élus, même les plus réfractaires, s'enorgueillissent de voir leur ville sous un angle cyclable, comme l'a constaté le photographe Jean-Claude Martinez, auteur de belles images en noir et blanc de Rennes, Montpellier ou Lyon[158].

La diversité des vélos est aussi un formidable outil de communication : les cargos, munis d'un baquet pour transporter enfants ou provisions, les couchés, prisés par les sportifs ou les randonneurs, excellents paraît-il pour la forme physique, le Pibal, équipé d'une mini-trottinette, conçu gracieusement par le designer Philippe Starck à la demande de la mairie de Bordeaux, les triporteurs, etc. À São Paulo, au Brésil, un collectif associatif a même imaginé des bicyclettes dont le cadre est en bambou, très peu coûteuses, destinées aux enfants. Le programme s'appelle « Pedalar para educar ».

Certains aficionados ne se séparent jamais de leur Brompton, une marque très prisée d'engin pliant que l'on emporte dans le métro ou dans le train, et que l'on fait voyager en soute lorsqu'on prend l'avion. Le vélo sait faire dans le tape-à-l'œil. Le Smart, conçu par le constructeur automobile Daimler, présente l'élégance d'un destrier racé, truffé d'équipements technologiques. Le maroquinier Hermès a présenté, en octobre 2013, une monture ultralégère, dotée d'un cadre en carbone et d'une selle en cuir lisse de taurillon. Un tel engin paraît frivole, mais vend aussi une part de rêve. Après tout, cela vaut bien ces centaines d'hommes, les yeux comme des soucoupes, qui scrutent les nouveaux modèles au stand Ferrari du Mondial de l'automobile, tel un troupeau de troufions en goguette dans le quartier rouge d'Amsterdam.

[158] Jean-Claude Martinez, *Les cycles de l'amour*, éditions Suerte, 2009.

Stars en selle

Se montrer sur un vélo, c'est en faire aussitôt la promotion, surtout si l'on est une célébrité. En août 2013, la chanteuse Beyoncé poste sur Instagram des photos prises sur le Brooklyn Bridge, à New York. Pour se rendre à son propre concert, la reine du R&B a simplement traversé le pont à bicyclette. L'épisode fait aussitôt le tour du Web et de la presse people. Lorsque le conservateur Boris Johnson, truculent maire de Londres à la tignasse blonde, arrivait en pédalant au City Hall, un monument futuriste posé au bord de la Tamise, des Londoniens l'interpelaient sans façon : « Boris ! » L'ancien maire de Rome, Ignazio Marino (Parti démocratique, gauche), ne se déplaçait qu'à vélo[159]. La ministre de la Justice Christiane Taubira, ou le président Nicolas Sarkozy, ont montré eux aussi qu'ils savaient pédaler, même si c'était coiffée d'un casque pour l'une, et dans le but de donner l'image d'un sportif soucieux de compétition pour l'autre. La Garde des Sceaux avait même inclus trois montures dans la déclaration de patrimoine exigée de ses ministres par François Hollande, en avril 2013. L'exemple gagne la fiction. Dans la série *Borgen, une femme au pouvoir*, une plongée dans les arcanes de la démocratie danoise, le personnage principal, Première ministre, vit une existence « normale » et se déplace à l'occasion sur son vélo. *A contrario*, lorsque Martine Aubry, maire (PS) de Lille, présente officiellement le prototype du V'Lille, le vélo en libre-service lillois, des photographes lui suggèrent de monter en selle et d'immortaliser la scène. Ils reçoivent cette réponse étonnante : « Ah non, c'est ridicule ! » Ou comment détruire en un instant la crédibilité d'un moyen de transport.

[159] Luisa de Montis, « Ignazio Marino usa solo la Bici : in 18 si alternano per fargli da scorta », Ilgiornale.it, 2 juillet 2013.

Le Vélib', moyen de déplacement ou de communication?

Tramo'v à Lyon, Tramomagg à Montpellier, Liberam à Valence, Trampop à Avignon, Désir à Nantes, TCub à Bordeaux, Le Tramway à Marseille, Tramib' à Paris... Imaginons que, dans toutes les villes de France, des esprits fantasques aient imaginé un petit nom pour le tramway. Cette fantaisie, les collectivités l'ont déployée pour les systèmes de vélo en libre-service. Les Vélib' et autres font la fierté hexagonale, au même titre que le foie gras, les grands crus et les hypermarchés. En août 1976, l'iconoclaste Michel Crépeau, maire de La Rochelle, distribue gratuitement 300 vélos jaunes à ses administrés. Le premier système d'envergure voit le jour à Copenhague en 1995, avec 1000 cycles. La montée en puissance date de mai 2005, lorsque Lyon annonce le parc le plus important de la planète, 4000 Vélo'v. L'opérateur, le groupe industriel spécialisé dans l'affichage Jean-Claude Decaux, se rémunère *de facto* grâce aux recettes générées par ses « sucettes », des panneaux publicitaires installés par la même occasion sur la voirie. Pour l'industriel, le choix de Lyon est une manière de récompenser la capitale des Gaules qui, la première, en 1964, avait accueilli des abribus garnis de panneaux publicitaires. L'annonce est alors vécue, à l'Hôtel de Ville de Paris, comme un camouflet. Deux ans plus tard, en juillet 2007, la capitale lance ses Vélib' et en promet 20000 pour la fin de l'année.

Le « VLS », comme disent les spécialistes, présente de multiples et appréciables avantages. Les opérations fastidieuses qu'implique la possession d'un vélo, stockage, entretien, réparation et remplacement en cas de vol, sont assumées par la collectivité. Il est inutile de prévoir un local ou un arceau dans la cour encombrée d'un immeuble urbain. Le Vélib' et ses cousins permettent de dompter les intempéries : l'aller en métro ou en tramway et le retour à vélo. Simple d'utilisation, il ne coûte pas très cher à l'utilisateur et constitue un bon moyen de promouvoir le vélo. En quelques années, le vélo partagé est entré bien plus vite dans les esprits que l'autopartage, encore largement ignoré du grand public.

Après Lyon et Paris, la plupart des grandes villes de France puis d'Europe se sont équipées, grâce à un partenariat « public-privé », qui assure à l'opérateur un revenu régulier. Outre JCDecaux, plusieurs sociétés, comme ClearChannel, spécialisée dans l'affichage urbain, le transporteur Keolis, filiale de la SNCF ou Smoove, une société de location de vélo (start-up *ad hoc*, dirait-on en anglatin) créée à Montpellier, se sont positionnées sur ce créneau. Certains systèmes sont assis sur le marché de l'affichage publicitaire, d'autres reposent sur un partenariat avec un transporteur (Deutsche Bahn, Keolis, Transdev) ou un gestionnaire de parkings (Effia). À Londres ou à New York, le service est financé par des banques et sociétés financières (Barclays, Citibank, Mastercard). Au milieu des années 2010, le dispositif stagne en Europe mais s'exporte bien. On compte au total plusieurs centaines de systèmes sur la planète, notamment dans les deux Amériques et en Asie. Moscou, Punta del Este (Uruguay), Bangkok, Tel Aviv ou la ville de Luxembourg disposent de leurs « Vélibs ».

Le système le plus étendu jamais mis en place, et en dehors du *free-floating* (voir page 194), fonctionne en Chine, à Hangzhou, capitale de la province du Zhijiang. Dans cette ville de 7 millions d'habitants, située à 200 kilomètres au sud-ouest de Shanghai, le système de vélo en libre-service a été inauguré le 1er mai 2008, une date chargée de symboles[160].

[160] Le 1er mai, fête du travail, est l'une des principales fêtes du calendrier chinois. Le chiffre 8 porte bonheur.

En 2017, il comptait plus de 3300 stations (contre 1200 à Paris selon la mairie) et 84 000 vélos (officiellement 18 000 à Paris à l'été 2017). Les bicyclettes, rouges, sont munies de paniers à l'avant et certaines d'entre elles sont équipées d'un petit siège pour enfant (unique), à l'arrière. « Lorsque la Chine était communiste, le vélo était privé ; maintenant qu'elle est capitaliste, il est public », résume Julien Allaire, porte-parole de l'association L'Heureux cyclage[161].

Pas toujours nécessaire, toujours insuffisant

La visibilité des VCub et autres Vélomaggs est telle que l'on a tendance, en France, à résumer les politiques cyclables à ces services. Interrogé sur l'appétence des collectivités à encourager la bicyclette, Jean-Marc Janaillac, alors P.D.G. du transporteur Transdev et président de l'Union des transports publics, répondait que « les villes gèrent déjà des systèmes de vélo partagé[162] ». Les élus prétendent volontiers que les vélos en libre-service ont constitué le point de départ d'une nouvelle ère cyclable. Or, le retour de la bicyclette a précédé l'installation des bornettes dans les villes[163].

Le Vélib' et ses avatars, décorés aux couleurs locales, sont trop souvent conçus comme une seule ressource touristique ou un aimable divertissement. En étrennant le système lillois, Martine Aubry déclarait que l'on pourrait désormais « se promener » à vélo. À Paris, au début des années 2010, l'essentiel de la communication de Vélib' en fait un loisir tranquille et « bon pour la planète », et non un moyen de déplacement. Le blog dédié au service[164] néglige les transports et s'égare dans l'art de vivre chic, suggérant des adresses de bars branchés,

[161] Lors d'un comité de pilotage de Velocity, Nantes, le 15 novembre 2013.
[162] Conférence de presse du 9 octobre 2013.
[163] Frédéric Héran, « Vélo et politique globale de déplacements durables », *op. cit.*
[164] http://blog.velib.paris.fr/

évoquant les écrivains parisiens ou proposant des produits dérivés, mugs, carnets de notes ou sets de table. « Les Vélibs et autres sont-ils des moyens de transport ou de communication ? », résume Frédéric Héran dans une publication présentée au premier congrès réunissant les opérateurs de vélo partagé, en septembre 2012, à Strasbourg[165].

Les casseurs de Vélib'

Malgré leur popularité, les vélos en libre-service butent sur trois obstacles : le vandalisme, la régulation et le coût. Dès 2005, l'ampleur du vandalisme a surpris le concessionnaire JCDecaux, à Lyon. Deux ans plus tard, on constatait le même phénomène à Paris, et, un peu plus tard, à Toulouse, au point que cela finit par obérer le fonctionnement du service. Personne n'a vraiment analysé les raisons profondes de ces dégradations. Elles sont sans doute liées à l'image du vélo, cet apanage des « bobos » et des « écolos », ces gens soucieux de leur forme qui ont réussi dans la vie. Enfin, plus prosaïquement, les vélos dérobés servent de moyen de transport. Dans les quartiers populaires, là où les stations sont rares et souvent vides, un Vélib' personnalisé est un objet de valeur. Certaines carcasses récupérées par l'atelier de réparation de JCDecaux à Saint-Denis (Seine-Saint-Denis) sont d'ailleurs customisées, repeintes en vert ou en orange, arrangées à la mode de leur « propriétaire ».

Les vols et dégradations, après avoir régressé dans les années 2008 à 2011, ont repris de plus belle en 2012 et 2013. En 2007, 20 600 Vélibs étaient annoncés dans la capitale, auxquels devaient s'ajouter 3 200 vélos en mars 2009, lorsque le service a été étendu à la proche banlieue. Au printemps 2014, on n'en comptait plus que 16 000, au lieu des

[165] Colloque national du vélo partagé, Strasbourg, 11 septembre 2012.

23800 annoncés. Entre 2007 et 2014, 70000 Vélibs ont été assemblés[166], trois à quatre fois plus que le nombre initialement prévu et cinq à six fois plus que le nombre effectif. C'est dire l'impact du vandalisme !

« Pour détacher un vélo, il suffit de sectionner la lamelle métallique », raconte Mathieu Marquer, ancien membre du comité des usagers, qui observe, sur Twitter, des quidams se vanter délibérément de leur forfait. « "On a volé 3 vélib pour rentrer", "J'ai caché mon vélib dans la cave" voire "On m'a volé mon vélib volé", etc. », témoigne-t-il[167].

Pendant longtemps, cette situation n'a pas semblé émouvoir à l'excès la mairie de Paris, tout à sa célébration d'une Ville Lumière dévolue aux escapades touristiques. Il a fallu attendre l'été 2013 pour que l'adjoint alors en charge des transports, Julien Bargeton (PS), décide de lever l'omerta. L'élu veut renforcer la répression et propose notamment de faire surveiller les stations par des patrouilles volantes ou des caméras. A-t-on vraiment besoin d'une telle usine à gaz pour que fonctionne un moyen de déplacement aussi simple que le vélo ?

Quartiers abandonnés

Dans les quartiers populaires, les stations sont délaissées et même fermées. Scooters, camions de livraison et voitures particulières se garent en toute impunité devant les bornettes. Des dizaines de Vélibs, abandonnés sur la voirie ou dans des cours d'immeubles, dûment signalés par des usagers, ne sont jamais récupérés. Les malfaiteurs ne sont que mollement poursuivis par une police qui, bien entendu, a toujours autre chose à faire. Seule la commune d'Aubervilliers (Seine-Saint-Denis) semble avoir pris la mesure du

[166] Selon Albert Astéraf, responsable de la stratégie de JCDecaux.
[167] Commentaire posté sur le blog de l'auteur, 3 juillet 2013.

phénomène, en mettant en place un comité de lutte contre le vandalisme.

Si les dégradations touchent surtout le nord-est parisien, le service dans son ensemble continue à souffrir d'une mauvaise régulation. Le matin, les arrondissements périphériques de la capitale, les plus peuplés, se dégarnissent tandis que les quartiers d'affaires et les gares se remplissent. Et le soir, c'est l'inverse. Une carte dynamique, réalisée grâce aux données disponibles station par station, résume bien l'enjeu. On y voit Paris battre comme un cœur, jour après jour, au rythme des allées et venues des vélos. L'image est jolie mais symbolise les ratés du service.

La régulation, réalisée par JCDecaux à l'aide de petits véhicules à remorques, est insuffisante. En outre, une clause permet à l'opérateur de ne pas réapprovisionner les stations dès que s'y trouve ne serait-ce qu'un seul vélo, et tant pis si celui-ci est inutilisable. On ne conseille à personne d'emprunter un Vélib' en espérant arriver à l'heure à un rendez-vous ou pour attraper un train. Ces dysfonctionnements finissent par décourager les usagers, obligés de constater que le vélo en libre-service n'est pas un mode fiable.

Car les résultats ne sont pas au rendez-vous. En 2007, dans sa réponse à l'appel d'offres de la mairie de Paris, JCDecaux tablait sur 380 000 à 950 000 abonnés annuels à partir de 2010. Or, on en comptait 244 946 en 2012, selon les chiffres de la Ville de Paris[168]. De même, l'opérateur espérait en 2007 entre 3,5 millions d'abonnés quotidiens et 9 millions d'abonnés hebdomadaires chaque année, alors qu'on en a recensé, en 2012, respectivement 1,7 million et... 115 255. La Chambre régionale des comptes d'Île-de-France[169] a épinglé

[168] « Le bilan des déplacements à Paris en 2012 », www.paris.fr

[169] « Vélib' les vélos en libre-service dans Paris et sa proche banlieue », rapport de la Chambre régionale des comptes d'Île-de-France, 12 novembre 2012;

la Ville pour sa gestion du service. Elle lui reproche notamment d'avoir renoncé à exiger de l'opérateur des indemnités qui devraient lui revenir en raison des dysfonctionnements du service.

Le dispositif coûte en réalité très cher. Selon Frédéric Héran, chaque vélo revient à 4 000 euros par an à la collectivité. Peut-être pourrait-on, pour compenser ce coût, augmenter le prix du service, aujourd'hui ridiculement bas, entre 29 et 39 euros par an à Paris, ce qui équivaut à 5 % du prix du Pass Navigo à l'année ? Dans les villes des États-Unis, le prix est fixé à environ 80 dollars par an.

Signe des temps, le vélo en libre-service, star des programmes dans toutes les villes de France lors des élections municipales de 2008, ne figure dans aucun projet porté par un candidat six ans plus tard, en 2014. C'est faire preuve de prudence. À Londres, la banque Barclays annonce en décembre 2013 que, faute de rentabilité, le partenariat avec la municipalité prendra fin trois ans plus tôt que prévu, 2015 au lieu de 2018. À Montréal, la Société de vélo en libre-service (SVLS), qui gérait le système Bixi depuis 2009, annonce sa faillite en janvier 2014. Le maire, Denis Coderre, décide alors de racheter les actifs de Bixi pour 11,9 millions de dollars canadiens (7,8 millions d'euros). En France, au cours des années 2015 à 2017, plusieurs villes moyennes, Chalon-sur-Saône, Perpignan ou Caen, après Saint-Denis et Aix-en-Provence au début des années 2010, renoncent à leur système.

Quelle belle politique cyclable pourrait-on lancer avec un budget aussi important que celui consacré aux vélos partagés ! Imagine-t-on les kilomètres de pistes cyclables, le nombre d'abris que l'on aménagerait, voire la quantité de vélos que la municipalité pourrait prêter ou donner aux

www.ccomptes.fr/Actualites/Archives/Velib-les-velos-en-libre-service-dans-Paris-et-sa-proche-banlieue habitants ? Certaines villes ont d'ailleurs effectué d'autres choix, moins onéreux. C'est le cas à Strasbourg ou à Grenoble qui ont développé des systèmes de location à longue durée combinés à des locations ponctuelles, appelés respectivement Vel'hop et Metrovélo.

Conclusion : l'Europe, avenir du vélo

Et si on laissait faire ? Et si on pariait sur l'adaptation progressive des citadins ? Dans les grandes villes, assommés par le prix et les contraintes de la voiture individuelle, craignant le danger du scooter, agacés par les insuffisances des transports publics, les habitants finiraient par se tourner vers le moyen de transport le plus fiable et le moins coûteux. Les pouvoirs publics, d'abord frileux, prendraient progressivement en compte cette demande qui, tôt ou tard, se constituerait en électorat exigeant.

Mais ce raisonnement est risqué. La transition cyclable resterait cantonnée aux villes denses, les plus faciles à parcourir et les plus ouvertes aux changements de comportement. Dans les cœurs historiques, apaisés, on roulerait principalement à vélo, tandis que les banlieues, moins denses, resteraient soumises à la domination du tout-voiture. Cette situation, comparable à celle créée par le péage urbain, se ressentirait assez vite sur le plan sociologique et électoral. On se dirigerait vers une société divisée, un territoire à deux vitesses, le plus rapide n'étant pas celui qu'on croit.

Ce choix, ou plutôt ce non-choix, comporte un autre risque : que le laisser-faire tourne à l'avantage des plus forts, des plus rapides. Si personne ne se saisit de la politique des transports, si on continue, par inaction, à faire la part belle aux plus puissants et aux plus encombrants, la société continuera de se plier à la hiérarchie du moteur. Les constructeurs automobiles persisteront à concevoir des modèles complexes, hypertechnologiques, luxueux et somptueux, qui ne seront vendus qu'aux plus riches. La voiture du peuple, chère aux fondateurs de Volkswagen, disparaîtra : les classes moyennes achèteront des modèles d'occasion, et les plus pauvres, abandonnés à leur sort, se contenteront des transports publics, ou de ce qu'il en restera, et de la marche à pied.

Les Européens, repus, semblent avoir dépassé les guerres et bénéficient d'une remarquable protection sociale. Une partie des habitants du vieux continent a compris qu'amasser sans fin est délétère, que l'avidité tue. Un nouveau modèle est à inventer, fondé sur la frugalité, le plaisir, l'utilisation rationnelle de l'énergie. Le vélo ne transformera pas la société de fond en comble, mais y contribuera.

Carnet pratique
QUE LA PÉDALE VOUS GAGNE !

La transition cyclable, c'est de la politique. Mais elle n'est pas réservée aux seuls responsables politiques. Tout le monde est décideur : élus, techniciens, chefs d'entreprise, directeurs des ressources humaines, syndicalistes, commerçants, annonceurs, promoteurs immobiliers, syndics, journalistes, responsables associatifs, militants, automobilistes, etc. Nous pouvons tous enclencher cette « vélorution », pour reprendre le titre d'un mouvement radical fondé dans les années 1970. Voici comment.

▸ Pédaler et le faire savoir

Chaque cycliste, de préférence s'il est vêtu normalement et non comme un prospectus publicitaire, est une réclame vivante pour le vélo. Sa simple présence sur la voirie apaise la circulation, tout en montrant aux hésitants qu'après tout, dans cette petite ville vallonnée ou dans cette banlieue pavillonnaire, on peut aussi rouler à vélo. Pédaler, donc. Pédaler par tous les temps, quelle que soit la température, pour divers déplacements, parfois en transportant des objets. Pédaler à plusieurs, avec ses enfants, ses amis, des connaissances.

Rouler à vélo, mais aussi le dire. Provoquer chez les autres des interrogations qui amènent la discussion : au cours d'une réunion dans un quartier particulièrement encombré, dire « je suis garé juste devant », puis révéler que l'on est venu à vélo. Confirmer : « Oui, je me déplace à bicyclette. Tous les jours. Et parfois quand il pleut. » Insister sur les avantages, surtout financiers : « Pas besoin d'aller au club de sport ! Ça coûte moins cher que la voiture, c'est plus agréable que le bus. Au moins, quand je pars, je sais à quelle heure j'arriverai. » Et pour les trajets plus longs, il y a l'autopartage, ou le covoiturage. En profiter pour contrer les idées reçues : non le vélo n'est pas « dangereux » ni « fatigant » ni réservé aux « écolos ». Il n'est pas nécessaire pour autant de jouer les surhommes. Certains jours, il faut l'admettre, on n'a pas envie, on a la flemme, les distances sont trop longues.

En parler aux enfants, filles et garçons, les emmener à l'école sur un siège ou dans un triporteur quand ils sont petits, puis à vélo dès qu'ils sont en âge de pédaler. Leur apprendre à respecter l'objet, à le considérer comme un moyen de transport. Leur enseigner les premiers gestes de bricolage. Si on est amené à déménager, se poser la question du trajet, du stockage des montures de la famille.

Respecter ceux qui ne sont jamais montés sur un vélo, et craignent de se trouver ridicules. Rien de plus normal que d'avoir peur de tomber devant tout le monde. Entamer la discussion, interroger, retourner les objections.

Faire réparer son vélo à domicile ou au travail, à Paris, Strasbourg, Grenoble, Bordeaux, Lyon, Lille : cyclofix.com

Participer à des débats, manifestations et évènements conviviaux pour la promotion du vélo : velorution.org

Échanger autour du vélo au quotidien : www.velotaf.com

Expérimenter l'autopartage : citiz.coop

▸ Interroger ses habitudes de transport

S'interroger, observer ses déplacements quotidiens. Combien coûtent-ils? Quelle énergie dépense-t-on? Les transports sont-ils stressants? Une autre solution est-elle envisageable? Pour quels avantages? Identifier les obstacles, les réticences de la famille, de l'entourage, ses propres objections. Essayer. Monter sur un vélo, comme ça, pour voir ce que ça fait. Faire 500 mètres et s'apercevoir qu'on va plus vite qu'à pied. Recommencer la semaine suivante, parcourir 1000 mètres. Tenter 1,5 kilomètre sept jours plus tard. Continuer. Et voilà, c'est tout.

▸ Apprivoiser l'objet, ses droits, ses devoirs

Savoir nommer les différentes pièces, éventuellement dans plusieurs langues. Si on est bricoleur, apprendre à réparer son vélo, au besoin à l'aide des sites «tutoriels», sur Internet. Et sinon, en parler avec d'autres cyclistes. Faire du vélo, l'objet, et du vélo, l'action, un sujet de conversation naturel et récurrent. Installer un GPS, pédaler, et observer le dessin que les trajets forment sur la carte. S'amuser.

Connaître ses droits et aussi ses devoirs, ainsi que la taille de son vélo, en longueur comme en largeur. On ne se déplace pas n'importe comment. C'est un moyen de transport, pas un instrument destiné à prouver sa supériorité aux autres. Non, il n'est pas nécessaire d'actionner la sonnette lorsqu'on aperçoit un piéton au loin. Se souvenir que, sur le trottoir, les piétons sont prioritaires. Ne pas les frôler, ni les forcer à un petit détour.

▸ Choisir sa monture

« Beaucoup de clients imaginent qu'il leur faut impérativement un VTT pour se rendre au travail. Pourtant, sur le goudron, le vélo de ville est plus adapté », confie Amine Skalli, responsable du marketing chez Holland Bikes.

Choisir son vélo en fonction de ses trajets. Prévoir le stockage de l'objet, au domicile mais aussi au travail. Essayer le destrier que l'on convoite, car, comme chacun sait, il ne faut jamais acheter la peau de l'ours avant de l'avoir essayée[170]. L'achat d'un vélo à assistance électrique peut être tentant, mais il faut s'assurer qu'on en aura vraiment besoin. Et si l'assistance limite l'effort à fournir, elle ne règle pas tous les problèmes : le moteur n'a pas pour vertu de dompter les automobilistes, ralentir les scooters ni aménager des pistes cyclables… Ces modèles coûtent entre 1500 et 3000 euros, il faut pouvoir les garer en toute sécurité, renouveler la batterie tous les trois ans environ, et la

Demander conseil dans une boutique :
www.hollandbikes.com
www.freemoos.com
www.cyclable.com

Trouver un vélo d'occasion, en ligne ou à une bourse aux vélos :
velook.fr

[170] © Christian Razemon.

réparation demande une certaine dextérité, ou le recours à un vélociste.

▸ Assurer contre le vol

Assurer, ce n'est pas forcément s'assurer, mais prendre le risque au sérieux. En France, **400 000** vélos sont dérobés chaque année, dont **60 %** au domicile du propriétaire. Une part non négligeable des victimes ne remonte plus en selle. Dans la plupart des cas, le vélo n'était pas accroché à un point fixe. Toujours préférer un arceau, un poteau, une barrière, à l'intérieur comme à l'extérieur. Sur la voirie, privilégier un lieu passant, où le voleur sera sans doute dérangé. Aucun cadenas n'est inviolable. Les seules questions qui vaillent sont : « Combien de temps mettra-t-on pour le scier ? » et « quel bruit cela fera-t-il ? » La FUB dispose d'une « commission antivols » qui teste régulièrement divers types de cadenas. Un tableau comparatif récapitule, avec force détails, le poids, le prix et la résistance de chaque modèle. Le résultat est sans appel : les cadenas en forme de U, en acier trempé et suffisamment épais, assurent la meilleure protection. On peut y adjoindre, comme cela se fait beaucoup aux Pays-Bas, un « antivol de cadre », situé sous la selle, pour protéger la roue arrière. L'antivol pliant, en forme de mètre de menuisier, séduit par son aspect pratique, mais n'est pas aussi résistant. Selon la FUB, tous les autres types de

Marquer son vélo contre le vol : www.bicycode.org

cadenas, chaînes, câbles, fils tressés ou torsadés sont à bannir.
« Quand on se fait voler son vélo, on a l'impression de le voir dans la rue tous les huit jours », lâche Fabien Masson, responsable de l'association Cadr 67, à Strasbourg. Pour éviter cette frustration, il est conseillé de le faire marquer, un peu comme on appose un fer rouge sur du bétail. L'opération, indolore pour la monture et facturée entre 4 et 6 euros, consiste à graver un numéro comportant 12 chiffres sur le cadre, à l'aide d'un percuteur électrique. Le propriétaire, qui présente une pièce d'identité, reçoit un « passeport » pour son vélo qu'il présentera à la police en cas de vol. « On retrouve environ la moitié des bicyclettes volées, mais on ne sait pas à qui elles appartiennent », déplore Fabien Masson. À Strasbourg, le taux de restitution des vélos marqués atteint 18 %. En outre, le marquage, bien visible, a un effet dissuasif.
Enfin, quelques associations suggèrent le recours à une police d'assurance. Il en coûte, pour deux ans, 50 euros pour un vélo valant moins de 500 euros et 70 euros au-dessus.

S'assurer :
www.cyclassur.com

▸ Trouver sa place

Prendre le temps de repérer son ou ses itinéraires. Des applications permettent de calculer sa route, en tenant compte des aménagements et du relief. Une version du logiciel de cartographie libre de droits

Repérer son trajet à Paris, Lyon, Toulouse, Nantes, Caen, Tours : geovelo.fr citymapper.com

Openstreetmap présente les véloroutes, itinéraires, pistes urbaines, sens uniques, stations de vélo partagé ou de transport public, ainsi que les courbes de niveau.

Choisir si besoin un trajet un peu plus long, mais plus confortable : pistes mieux aménagées, circulation ralentie, montées plus douces et régulières, absence de voies piétonnes. Rouler sur les voies cyclables lorsqu'elles existent et sont bien entretenues, ne serait-ce que pour montrer leur utilité. Dans les rues étroites, se garder des ouvertures de portières. Rouler au milieu. Surtout ne pas serrer à droite. Montrer que l'on existe. Si, pétri d'angoisse, on se fait le plus petit possible, on risque de passer inaperçu. Et tant pis si un automobiliste frustré s'imagine qu'il doit, pour prouver sa supériorité, faire vrombir son moteur. Il sera rattrapé au prochain carrefour. Le saluer et lui sourire. Ne jamais oublier qu'une à deux tonnes d'acier ne sont pas facilement maniables.

En cas d'accident avec un « véhicule terrestre à moteur », retenir que le cycliste est considéré comme un usager vulnérable par la loi Badinter de 1985. En revanche, un cycliste qui cause délibérément un accident commet une « faute inexcusable[171] ».

171 Pour en savoir plus : www.isabelleetlevelo.fr/ancienblog/accident-protection-du-cycliste-ophele-883.html

▶ Bien s'équiper

S'observer. Savoir ce que coûte un effort modéré en énergie, en nourriture, en transpiration. En selle, on transpire beaucoup moins que l'on croit généralement. Consulter la météo du jour. En cas de fortes chaleurs, préférer les trajets tôt le matin, ne pas foncer, emporter un tee-shirt de rechange si nécessaire. Demander à son employeur la possibilité d'utiliser la douche si l'entreprise en est équipée. « Entreprendre vert » propose des « plans vélo » à l'échelle de l'entreprise, intégrant l'aménagement de vestiaires et douches, l'adaptation des horaires et des campagnes de sensibilisation.

Entreprendre : entreprendrevert.org

L'été, les plus chevronnés adaptent leur alimentation : pas trop de viande ni de charcuterie, moins de sel et beaucoup d'eau, au minimum 2 litres par jour. Sur un forum suisse, on a pu lire ce témoignage :

« Mes quelques collègues qui roulent 2 à 5 km à vélo ne se changent jamais, et ne sentent rien de particulier. Le seul collègue qui sent parfois fort est un gars stressé qui fait une heure de bagnole tous les matins. »

L'hiver, pédaler comme on est, vêtu de nombreuses couches de sous-vêtements et d'un manteau, protégé par des gants et un bonnet. C'est en général les orteils qui souffrent le plus du froid, car on les bouge peu. Mais, bien plus que le froid, la pluie décourage les cyclistes. « Les jours où nous comptons le moins de vélos dans les rues sont ceux où il a plu entre 7 heures et 9 heures du matin. Quand il fait froid, l'impact demeure en revanche limité », indique Alain Jund, à Strasbourg. Aux Pays-Bas, des fabricants ont imaginé des ponchos équipés de lanières à attacher aux poignées afin d'éviter que le vent ne gonfle le vêtement, façon spi un jour de tempête. Pour éviter d'arriver trempé au bureau, s'équiper d'un surpantalon ou d'une cape imperméable. Dans certaines villes italiennes ou au Japon, on fixe un parapluie au guidon.

Choisir de bons gants. Tester les chaufferettes, sortes de gros pansements à coller sur ses mains ou ses pieds et qui diffusent une douce chaleur. Placer des manchons sur le guidon. Accrochées au cycle, ces grosses doudounes pour mains permettent de ne pas avoir à retirer puis remettre sans cesse ses gants. Idéal lorsqu'on s'arrête ponctuellement, par exemple pour faire une course, avant de remonter en selle.

Être visible. L'hiver, il ne fait pas seulement froid, mais sombre. La bonne vieille dynamo, désormais posée dans le moyeu, récupère l'énergie générée par la rotation de la roue. Les fabricants développent des lampes rechargeables par port USB ou des brassards jaunes réfléchissants, parfois équipés d'ampoules clignotantes. Le truc à la mode consiste à clipper des leds sur la roue, de façon à produire, lorsque le vélo roule, des illuminations multicolores visibles de côté et

Rayonner de mille feux : www.monkeylectric.com

pas seulement de dos. C'est bien plus visible et c'est joli.

▶ Faire entendre la voix cycliste

«Tenez votre rôle : cassez-moi les pieds», tel est le message de Clément Rossignol, vice-président de Bordeaux-Métropole et maire (EELV) de Bègles, aux associations. Ne pas se résigner aux aménagements défectueux, aux carrefours dangereux, aux nids de poules, aux voitures garées sur les pistes cyclables, ni aux marquages effacés, aux passages barrés, aux pistes «neutralisées». Les autorités ne sont peut-être pas au courant, ou alors elles font la sourde oreille. Les informer, par tous les moyens : courrier, réunions publiques de concertation, discussions informelles. Poster une photo sur Twitter, en mettant en copie l'élu concerné. Si on se sent l'âme frondeuse, prendre une image de la voiture de Monsieur le maire garée sur un aménagement, et la diffuser.
Procéder de même avec les vélos en libre-service. Photographier des stations vides, des vélos endommagés, des véhicules motorisés garés devant les bornettes. Sur Twitter, les habitués du Vélib' parisien dénoncent régulièrement les manquements du service. Exiger davantage de places de stationnement, aussi bien dans une copropriété qu'auprès de son employeur ou des commerçants.

Les principales associations assurant la promotion du vélo :

En France :
La fédération des usagers de la bicyclette : www.fub.fr

Le lobby auprès des élus nationaux et locaux : parlons-velo.fr

À Paris :
Mieux se déplacer à bicyclette : www.mdb-idf.org
parisenselle.fr

À Lyon :
Pignon sur rue : www.pignonsurrue.org

À Lille :
Droit au Vélo : droitauvelo.org

À Bruxelles :
Pro Vélo : www.provelo.org

Le vélo à l'échelle européenne :
ecf.com

▸ S'engager

Pour les élus : www.villes-cyclables.org, www.departements-regions-cyclables.org

Adhérer à une association. Alterner propositions constructives et désobéissance, tout aussi constructive. Aux États-Unis, des militants tentent de financer des aménagements cyclables en faisant appel à la générosité publique sur Internet par l'intermédiaire d'une plateforme de *crowdfunding*.

Ces dernières années, les militants de plusieurs villes, Toulon, Nantes, Lyon ou Marseille, ont adopté une méthode originale pour aménager les passages dangereux. Ils se retrouvent à la nuit tombée et, vêtus de gilets fluorescents, munis de peinture blanche et de pochoirs, peignent sur le sol de fausses bandes cyclables. Au matin, les pistes flambant neuves sont utilisées par les cyclistes et respectées par les automobilistes. Ces happenings servent aussi de base à une négociation avec les élus. À Toulon, certaines fausses bandes, recouvertes de goudron par les services municipaux, réapparaissent quelques années plus tard, le plus légalement du monde. L'opération a conduit la mairie à considérer la voirie différemment. En utilisant les mêmes méthodes, le collectif Valve, à Lyon, est parvenu à imposer l'idée d'une piste traversant le pont autoroutier de la Mulatière, sur la Saône.

Participer à un happening :

À Lyon : Collectif Valve : collectifvalve.blogspot.com

A Nantes : Place au vélo : placeauvelo-nantes.fr

En Belgique francophone : Le Gracq : www.gracq.org ProVelo Bruxelles : www.provelo.org

À Toulon : La Masse Critique : lamassecritique.fr

Mettre les rieurs de son côté : organiser de fausses inaugurations de vraies pistes cyclables. Pour célébrer l'existence d'un nouvel aménagement, envoyer des cartons d'invitation aux élus, fonctionnaires territoriaux, journalistes. Dresser une table, couper un ruban, boire un verre, manger un morceau. Laisser les invités s'apercevoir qu'il s'agit d'un canular. Parler vélo.

▸ Prôner la simplicité

Présenter le vélo comme un antidote à la société compliquée. Dénoncer les infrastructures massives, coûteuses et polluantes. Refuser les usines à gaz. Contrer les projets inutiles, boycotter les zones commerciales, les hypermarchés. S'approvisionner à proximité. Faire simple. Profiter de la vie. Pédaler.

S'aérer :
www.loireavelo.fr,
www.viarhona.com,
www.eurovelo6.org,
www.af3v.org
www.veloenfrance.fr

Postface à la nouvelle édition

LA TRANSITION CYCLABLE SOUS MACRON

Marseille, fin 2017. Du rond-point du Prado à la place Castellane, entre 8 et 9 heures, le défilé ne s'interrompt pas. Des centaines de cyclistes empruntent la piste sud-nord pour se rendre au travail. Le Collectif vélos en ville (CVV), association provélo qui anime un atelier de réparation dans le quartier populaire de Noailles, constate le même engouement entre le Vieux Port et la Joliette, sur le boulevard Baille ou encore sur la Canebière. Sur certains de ces axes, le taux de fréquentation a progressé de 400 % en dix ans. « Malgré tous les efforts du maire, le vélo progresse à Marseille », sourit Cyril Pimentel, salarié et cheville ouvrière du CVV.

Les Marseillais ne font que suivre une tendance observable dans toutes les grandes villes de France. À Strasbourg, Grenoble, Bordeaux, Nantes, Montpellier ou Paris, le « vélotaf », comme disent les passionnés pour décrire ces mouvements pendulaires, séduit les citadins.

Alors que le président Macron n'hésite pas à enfourcher un vélo de ville pour les besoins de sa communication, les chiffres parlent d'eux-mêmes. À Lyon, les 55 capteurs installés à même le bitume ont enregistré en 2016 une progression du trafic à vélo de 26 % par rapport à 2015. À Lille, les comptages de l'Association Droit au vélo (Adav) révèlent une hausse de 42 % entre le deuxième semestre de 2016 et la même période, un an auparavant. À Rennes, les comptages ont enregistré une progression de 35 % en 2017. À Bordeaux, depuis sa fermeture aux automobilistes le 1er août 2017, 7000 cyclistes ont été comptabilisés chaque jour sur le pont de Pierre qui traverse la Garonne. À Grenoble, Velogik, la société gestionnaire du service de location de longue durée Métrovélo, a annoncé début septembre 2017 que le stock ne suffirait pas à assurer les besoins de la rentrée, en raison d'une demande plus importante que prévu : le service, qui dispose de 6500 vélos jaunes, devrait en proposer 9000 en 2019. Pour louer un vélo à assistance électrique proposé par le Grand Poitiers, il faut s'inscrire sur une liste d'attente et patienter environ un an.

Pour Olivier Schneider, président de la Fédération des usagers de la bicyclette (FUB), l'essor de la bicyclette est indexé sur les embouteillages : « Plus une ville est congestionnée, plus le déplacement en voiture est délaissé, et plus le vélo apparaît comme une solution », constate-t-il.

LA MUE DU VÉLO PARTAGÉ

Ainsi, le vélo n'est plus seulement un sport endurant ou un loisir dominical : il est redevenu un moyen de transport. Cela fait longtemps, dans les grandes villes, qu'on attendait ce basculement. Depuis une dizaine d'années, parfois davantage, nombre d'élus affirment avec plus ou moins de sincérité que la bicyclette a sa place dans les transports urbains. Vers 2008, les maires des grandes et moyennes villes ne juraient plus que par le vélo en libre-service (VLS). Des dizaines de systèmes, confiés à des sociétés de concession publicitaire, JCDecaux ou Clear Channel, étaient installés dans les grandes villes et dans une trentaine de villes moyennes. Le VLS devait faire office de politique cyclable, et même incarner à lui seul les « objectifs de développement durable ».

En serait-on enfin revenu ? Le partage tant vanté coûte cher à la collectivité - de 2500 à 4000 euros par an et par vélo selon les calculs, jamais démentis, de l'économiste Frédéric Héran. Les villes qui avaient opté dès le départ pour un système de location pour une longue durée savourent leur revanche : chaque Velhop, à Strasbourg, ne coûte « que » 300 euros par an à la collectivité, selon Jean-Baptiste Gernet, adjoint (PS) au maire de Strasbourg en charge des mobilités alternatives.

Les donneurs d'ordre que sont les collectivités demandent désormais aux concessionnaires de s'adapter aux besoins des usagers, en proposant des vélos moins lourds et plus pratiques à utiliser. Pour l'utilisateur, le prix augmente légèrement, mais demeure bien loin des tarifs pratiqués outre-Manche ou outre-Atlantique, sans même parler d'atteindre un seuil de rentabilité, évidemment.

Dijon a rebaptisé son système DiviaVelodi et a mandaté Keolis plutôt que Clear Channel. Le Grand Lyon, qui a renouvelé son contrat avec JCDecaux en septembre 2017, propose à partir de juin 2018 des Velo'v rajeunis. Vannes a changé de délégataire et remplacé Vélocéa (Transdev) par Vélocéo (RATP Dev). Quant à Paris, elle a fini par confier ses Velib' à Smovengo, un consortium unissant l'entreprise spécialisée Smoove et les groupes Mobivia et Moventia.

Le passage de témoin entre JCDecaux et Smovengo n'a pas été de tout repos. Dès le mois d'octobre 2017, les stations ont fermé les unes après les autres, rendant le service de plus en plus déficient. En janvier, le nouveau concessionnaire a rencontré d'énormes difficultés techniques pour installer les nouvelles stations à Paris, et plus encore en banlieue. Seules une soixantaine de bornes étaient en service le jour de l'an, au lieu des 300 annoncées, et des 1200 qui existaient encore à l'été 2017. Suite à ce fiasco, la société Smovengo a dû verser début 2018 une pénalité de deux millions d'euros à Lib', Syndicat Autolib' Velib' Métropole qui rassemble la soixantaine de communes concernées. Il faut dire que le défi est de taille : installer du jour au lendemain des centaines de nouvelles stations et des milliers de vélos, dont un tiers à assistance électrique, dans un territoire bien plus vaste que Paris intra-muros, terrain de jeu de JCDecaux. Lib' a manifestement vu trop grand, et l'opérateur a pensé pouvoir relever le défi.

Dans le même temps, Vélib' et ses homologues font face à de nouveaux acteurs, débarqués dans les rues à l'automne 2017. Jaune citron (Ofo), vert anis (Gobee bike), cadre blanc, guidon noir et jantes orange (Obike), bleu ciel (Pony bike), blanc (Indigo Weel), cadre gris et jantes orange (Mobike)... les vélos en *free-floating,* disponibles sans borne, ont, en quelques semaines à peine, apporté des touches multicolores aux gris trottoirs de la capitale, ainsi que dans de nombreuses villes d'Europe et d'Amérique du Nord. Selon *Maddyness*, « le magazine des start-ups françaises », il y aurait dans le monde 30 sociétés de vélopartage en *free-floating*, opérant presque toutes depuis la Chine : Gobee à Hong Kong, Ofo et Mobike à Pékin, Bluegogo à Tianjin, Obike à Singapour, et aussi Pony à Oxford, Indigo à La Défense.

Encensés par les technophiles, ces « vélos sauvages » qui inondent déjà les villes chinoises ont tout pour plaire. Sur l'application préalablement téléchargée, l'utilisateur géolocalise une bicyclette, qu'il déverrouille à l'aide d'un QR Code. Une fois le déplacement effectué, le vélo doit être reverrouillé et peut être déposé partout. Le service est facturé quelques dizaines de centimes la demi-heure. Ainsi le *free-floating* répond-t-il en apparence à tous les dysfonctionnements du libre-service. La collectivité ne doit plus installer ni financer de stations ; l'utilisateur peut déposer son vélo où il le souhaite, sans attendre qu'une bornette se libère ; le besoin de régulation disparaît en même temps que les bornes. Et l'ensemble est intégralement financé par une entreprise privée, qui ambitionne de se rémunérer grâce aux abonnements et aux précieuses données récoltées auprès de ses abonnés, mais qui en attendant survit surtout grâce aux levées de fonds.

Pourtant, ces systèmes ont rapidement donné de sérieux signes d'essoufflement. Les Gobee, Obike et autres Ofo se révèlent être des vélos fragiles. Deux mois après leur mise en place, début novembre 2017, il ne restait que 20 des 400 Gobee posés dans les rues de Reims. Selon le journal *L'Union*, les vélos ont fait l'objet d'un vandalisme acharné, des selles ou guidons arrachés aux GPS mis en pièce en passant par les rayons tordus. Un phénomène identique a été constaté à Lille, qui fut la première ville-test de l'entreprise hongkongaise. À Lyon, les Gobee bikes étaient même « introuvables » à la mi-février, rapportait la presse locale. Le 9 janvier 2018, la marque annonçait soudainement qu'elle quittait Reims, Lille et Bruxelles. Ce n'était que le début d'une série de retraits : les Gobee abandonnaient les villes italiennes début février, et Paris le 23 février.

Les utilisateurs découvrent en outre des vélos de basse qualité, presque tous à une seule vitesse, aux pneus pleins, sans chambre à air, pas très stables. Enfin, en l'absence de station, les bicyclettes multicolores sont déposées partout, en particulier sur les trottoirs, où elles gênent les piétons. Chacun a pu voir les images de ces « vélos sauvages » entassés à proximité des stations de métro, à Shanghai. Le gouvernement de la ville tente désespérément d'endiguer l'avalanche, et a même fait retirer 150 000 vélos de la circulation.

Certes, on n'en est pas encore là en Europe, mais à Paris, dès le mois de novembre 2017, Jean-Louis Missika, adjoint à l'urbanisme apparenté PS, s'est alarmé du risque d'invasion par ces vélos au point de convoquer les opérateurs du *free-floating* à l'hôtel de ville. La municipalité envisage la création d'une redevance pour occupation commerciale du domaine public, comme l'a fait Lille. La situation ne manque toutefois pas de piquant : cela fait des années que les conducteurs de scooters bénéficient d'une quasi-impunité en se garant sur le trottoir et la ville de Paris, qui encourage le recours aux scooters électriques, n'y trouve rien à redire. Mais dès qu'on aperçoit quelques vélos sur les trottoirs, branle-bas de combat !

Cette redevance pourrait toutefois constituer une occasion pour les collectivités de se réapproprier l'espace public. Elle pourrait alors s'appliquer, selon Christophe Najdovski, adjoint (EELV) aux transports, non seulement aux opérateurs du vélo en *free-floating*, mais aussi à leurs homologues qui, comme Cityscoot ou Coup, louent des scooters électriques, voire aux compagnies de voitures de tourisme avec chauffeur (VTC), les Uber et autres Chauffeurs privés.

Au-delà de ces péripéties, les valeureuses start-up chinoises ne semblent pas plus solides que les vélos qu'elles déposent dans les rues. Bluegogo, troisième acteur du marché, a rendu l'âme en novembre 2017, après plusieurs de ses concurrents. La construction de chaque vélo coûtant 300 euros environ, les recettes ne suffisent pas à compenser les énormes pertes dues au vandalisme et les investisseurs cessent rapidement de suivre. En matière de vélo, la martingale n'existe décidément pas.

Dans les grandes villes, le bon vieux Bicloo (VCub ou Velo'v) continue donc à faire l'affaire. L'attractivité touristique et l'appropriation par une partie des habitants ont installé le VLS dans le paysage ; il revient maintenant aux collectivités et aux opérateurs d'en améliorer la performance, aussi bien économique que fonctionnelle.

En revanche, dans les villes moyennes, en raison du faible nombre de stations, du manque d'aménagements et de l'absence de communication, le VLS est menacé. On ne comptait en 2015 que 2500 utilisateurs par an pour le Velocea de Vannes et 4000 pour le Reflex de Chalon-sur-Saône, contre 6000 à 10000 par jour – oui, par jour ! – pour le VCub à Bordeaux... Quant au nombre d'abonnés annuels, Idécycle, à Pau, n'en a séduit que 400 et Libélo, à Valence, 300.

Dès lors, la liste des villes qui renoncent s'allonge. Après Aix-en-Provence en 2011 et Chalon-sur-Saône en 2015, c'est au tour de Caen et de Perpignan de jeter l'éponge en 2017. À Pau, après avoir envisagé la suspension du service, le syndicat des transports urbains, qui exploite Idécycle, supprime certaines stations et redéfinit le périmètre des autres.

MISER DAVANTAGE SUR L'INFRASTRUCTURE

La transition cyclable s'enrichit de nouveaux impératifs, bien au-delà des émissions de CO_2. La réduction de la pollution atmosphérique est devenue en quelques années un enjeu de santé publique, des médecins prennent la parole régulièrement pour rappeler que la sédentarité tue, et dans les grandes villes, les transports publics ne suffisent plus pour transporter tout le monde. Stéphane Beaudet, vice-président (LR) de la région Île-de-France, espère que le vélo permettra, à terme et à moindre coût, de désengorger quelque peu le RER, les tramways et les bus. À Montpellier, avec 70000 étudiants gratifiés de tarifs alléchants, la ligne 1 du tramway qui dessert les universités arrive à saturation aux heures de pointe. À La Rochelle, la sous-capacité des bus inquiète l'agglomération. Enfin, la qualité de la cyclabilité devient un argument pour attirer les cadres supérieurs et les créateurs d'entreprise.

Face à la marée montante, des élus s'engagent, les équipes de la voirie sont priées de se former, des chargés de mission sont recrutés, qui échangent leurs « bonnes pratiques » avec leurs homologues lors des congrès internationaux. Les villes françaises, qui se rêvent parfois en « capitales du vélo », cherchent leur inspiration à Utrecht (Pays-Bas), à Malmö (Suède) ou à Münster (Allemagne), mais aussi, de plus en plus, à Bruxelles, Montréal, Lausanne, Florence ou Luxembourg, des villes qui ont entrepris, parfois à bas bruit, leur transition cyclable.

Après avoir parié sur l'outil avec le VLS, les municipalités commencent à comprendre qu'elles doivent miser sur l'infrastructure et l'usage. Elles ne se contentent plus de vanter les kilomètres de pistes cyclables, mais construisent des itinéraires, aménagent les carrefours dangereux, pensent le stationnement, réfléchissent à l'échelle de l'agglomération. La start-up du moment est *bike-friendly* : réparation de vélo à domicile, fabricant d'accessoires, artisan-cycliste, café-atelier, appli d'itinéraire, etc. Les départements et régions se convertissent au cyclotourisme, partageant avec enthousiasme une étude d'Atout France (voir page 103) selon laquelle « les touristes à vélo dépensent davantage que les touristes en voiture ». Les véloroutes bitumées lisses et entretenues attirent toujours plus de pendulaires aux alentours de Strasbourg, le long de la Vilaine à Rennes, du canal du Midi à Toulouse, de l'Ourcq en Seine-Saint-Denis, autour du bassin d'Arcachon…

La fréquentation de ces pistes progresse avec l'essor du vélo à assistance électrique, dont le nombre de ventes, en France, progresse chaque année : 77000 en 2014, 102000 en 2015, 134000 en 2016. En 2017, la prime de 200 euros versée par l'État à tout acheteur aura permis un nouveau bond des ventes. Instituée par le gouvernement Cazeneuve puis supprimée, sauf rares exceptions, par le gouvernement Philippe, cette prime connaît un destin curieux. Elle n'était pas réclamée par les associations provélo, qui l'ont tout de même applaudie. Sa suppression a en revanche été dénoncée par les mêmes associations, alors qu'une étude menée auprès des bénéficiaires a montré que ces 200 euros permettaient surtout aux riches retraités d'acquérir un vélo coûtant en moyenne 1700 euros et utilisé principalement pour les loisirs.

L'EXTENSION AUX ESPACES PÉRIURBAINS

La métropole de Rennes a annoncé en 2016 la construction d'un réseau express desservant les communes de la deuxième couronne. Les premiers kilomètres des « autoroutes à vélo » de la métropole grenobloise, baptisés Chronovélo, isolés de la chaussée par une bordure, balisés et correctement signalés, ont été inaugurés en juin 2017. À Strasbourg, l'élu Jean-Baptiste Gernet parcourt la grande couronne sur un vélo à assistance électrique pour évoquer de futurs aménagements avec des maires de communes qui jusque-là ne juraient que par la voiture individuelle.

Les élèves les plus réfractaires s'y mettent. Lille a mis en place un ambitieux « plan de circulation » dont la vertu principale est d'inciter les habitants à... moins circuler en voiture. Rouen s'est décidée à célébrer la bicyclette, sous la vigilance aiguisée des militants de Sabine, l'association provélo. Même la métropole de Marseille a voté un « plan de mobilité » visant notamment à « développer les infrastructures cyclables », lequel n'est certes doté... d'aucune mesure concrète.

Un dialogue plus ou moins constructif s'impose avec les associations. Les militants, qui se sont souvent rencontrés au guidon, à un coin de rue, avant de réclamer ensemble des aménagements, sont les meilleurs spécialistes de la « cyclabilité ». Certes, les réclamations de ces associations, dont 260 sont membres de la FUB, paraissent parfois irritantes aux élus. Et les militants disent rarement « merci ». Il n'empêche qu'il est préférable de s'appuyer sur leurs recommandations. En 2006, le jour de l'inauguration du tramway des Maréchaux, à Paris, l'association Mieux se déplacer à bicyclette (MDB) manifestait pour dénoncer la très mauvaise facture de la piste cyclable longeant la voie. Et ne s'attirait que le mépris des édiles, occupés à la consécration de leur joli bijou. Dix ans plus tard, la municipalité admettait qu'il fallait rectifier l'erreur.

La « vélosphère » a investi les réseaux sociaux. Sur Twitter, Facebook ou Instagram, des cyclistes du quotidien racontent leurs trajets et célèbrent leur mode de déplacement rapide, efficace, peu coûteux, peu consommateur d'espace et non polluant. Des caméras fixées sur leur casque, ces cyber-militants filment les voitures garées sur les pistes cyclables, les scooters empruntant les voies de bus et la désinvolture accablante des forces de l'ordre. En ligne, entre vélotaffeurs, porte-parole du lobby automobile et élus, le ton monte parfois rapidement.

LES NOUVEAUX DÉFIS : PARTAGE DE L'ESPACE, RÔLE DE LA POLICE, PROTECTION DES CYCLISTES...

Car, malgré un indéniable engouement, la France ne s'est pas encore convertie au vélo du quotidien, loin de là. Certains maires prennent prétexte de leur appréhension intime, un mauvais genou, une hanche en titane, pour rejeter en bloc ce moyen de transport. Il faut beaucoup d'énergie, de temps et d'abnégation aux élus acquis à la cause pour convaincre leurs pairs et même leurs propres services. Dans des métropoles ou des communautés urbaines élargies, les maires des communes périphériques se montrent réticents, voire sarcastiques, à l'égard du développement de la bicyclette. « Lorsque je parle de vélo, je vois des élus qui ricanent », confie ainsi Anne Gérard, vice-présidente PS du Grand Poitiers.

Sur la scène politique locale, des oppositions se manifestent durement, sèchement, contre ce mode de transport considéré alternativement comme « une lubie de bobo » ou une servitude imposée aux nouveaux prolos que sont les livreurs à domicile.

À Strasbourg, une partie de la majorité municipale, dont l'ancienne maire Catherine Trautmann (PS), trouve qu'il y a bien assez de vélos comme ça et ne jure que par la voiture autonome. À Grenoble, fin 2015, des commerçants du centre-ville avaient apposé en vitrine des affiches dénonçant l'impact supposé des « autoroutes à vélo » sur leur chiffre d'affaires. En général, la méfiance des commerçants ne se mue en assentiment silencieux que longtemps après les travaux, lorsqu'ils constatent que les aménagements leur ont amené de nouveaux clients. Dans la capitale, le plan vélo, pourtant voté à l'unanimité par le Conseil de Paris en avril 2015, fait l'objet d'innombrables sarcasmes depuis que l'hôtel de ville s'est enfin décidé, à l'été 2017, à créer matériellement le réseau. Une partie de ces protestations aurait certes pu être évitée si la piste longeant la Seine à l'ouest de Paris était... facilement accessible à vélo.

Bientôt, de nouveaux défis affleurent. Il est difficile de convaincre la police d'accepter les dépôts de plaintes des victimes de vols et presque impossible d'exiger la verbalisation des véhicules obstruant les pistes cyclables. Des arceaux de stationnement manquent dans les quartiers les plus fréquentés. À Strasbourg, il faut construire des parkings sécurisés et payants pour les navetteurs qui montent dans le train.

Dans les grandes villes, et plus seulement à Paris ou à Marseille, la concurrence pour l'espace public avec les deux-roues motorisés est vive. L'abondance de stationnements, légaux ou non, apparemment gratuits, en particulier sur les trottoirs, rend ce mode de transport compétitif. Et face au vélo, le scooter demeure toujours cette « bicyclette munie d'un bon petit vent arrière permanent » vantée par l'inventeur de la Mobylette en 1949... Il appartient aux pouvoirs publics de rétablir l'équilibre, comme le fait consciencieusement Strasbourg en verbalisant les motos mal stationnées et en retirant le permis de circuler dans la zone piétonne aux livreurs à scooter.

En outre, faute d'aménagements et d'itinéraires suffisamment lisibles, les frictions se multiplient entre les cyclistes, en particulier les livreurs ultrarapides, et les piétons. Plusieurs villes moyennes, comme Dunkerque ou Colmar, ont matérialisé des pistes abondantes et larges, mais sur les trottoirs, ce qui ne manquera pas de créer des conflits d'usage lorsque le vélo se sera vulgarisé. Le risque est celui d'un rejet massif du vélo par des populations citadines déjà usées par le bruit et la pollution.

Parmi les idées reçues qui empoisonnent la promotion du vélo figure celle-ci : ce serait dangereux. De fait, les chiffres récents de l'accidentologie ne sont pas bons. Depuis 2010, le nombre de décès de cyclistes suite à des accidents de la route demeure stable, autour de 150 par an. Mais comme les années précédentes, c'est hors agglomération que la pratique est le plus risquée. Et si 70 % des accidents, quelle que soit leur gravité, se produisent sans lien direct avec un autre usager, les accidents les plus graves résultent, dans 80 % des cas, d'une collision avec un véhicule motorisé. Autrement dit, ce n'est pas tant le vélo qui est dangereux que les engins qui l'entourent. La FUB prône la sécurité par le nombre : plus les cyclistes sont présents et visibles, plus il est difficile de prétendre qu'on ne les a « pas vus », une excuse encore couramment admise par les tribunaux et avalisée par l'Observatoire national de la sécurité routière (ONSR). La fédération provélo réclame une « communication positive à l'image de la campagne "manger-bouger" » et la sensibilisation des automobilistes à l'occasion des stages de récupération de points de permis de conduire.

La FUB va profiter de la discussion de la loi d'orientation sur la mobilité, qui doit être votée au premier semestre 2018, pour faire valoir ses revendications. Lors des débats des Assises de la mobilité, une vaste consultation menée pendant trois mois par le gouvernement Philippe à l'automne 2017, le vélo a été évoqué spontanément et à de nombreuses reprises. Dans le même temps, la FUB a réussi à rassembler 113000 réponses à l'enquête « Baromètre des villes cyclables », comportant 35 questions. Sur le modèle d'une opération comparable menée par l'Allgemeiner Deutscher Fahrrad Club (ADFC), l'homologue allemande de la FUB, les usagers évaluent les conditions de « cyclabilité » de leur ville : aménagements, respect, communication, travaux, etc.

Cette démonstration de force a impressionné la ministre des transports Élisabeth Borne et son cabinet. « Il faut cesser de regarder le vélo avec condescendance, en considérant que c'est un sujet mineur », a-t-elle déclaré lors de la clôture des Assises, en décembre 2017, annonçant aussitôt un « plan vélo » national.

Dès le mois de janvier 2018, dans le paquet de mesures destinées à améliorer la sécurité routière, le gouvernement annonçait la généralisation de l'apprentissage du vélo à l'école. Ce point revêt une importance particulière : les cyclistes sont accusés régulièrement de mal se comporter dans la circulation, de « faire n'importe quoi ». Ces incivilités, lorsqu'elles sont effectives, sont imputables à des infrastructures défaillantes, mais aussi à une mauvaise appréhension de la pratique quotidienne du vélo, aussi bien par les cyclistes que par les autres usagers de la route.

Pour le reste, le contenu du plan vélo demeure encore flou et devra s'attacher à ne pas empiéter sur les attributions des collectivités. Pour Olivier Schneider, cette politique devra être « sincère, assumée et financée. Et en pratique, on sait bien qu'elle ne sera financée que si elle est sincère et assumée ». Parmi les priorités avancées par la FUB figurent la résorption des coupures urbaines ou la facilitation du stationnement près des gares.

La fédération provélo, mais aussi le Club des villes cyclables, qui rassemble des élus s'engageant à promouvoir le vélo, réclament l'instauration d'une « indemnité kilométrique vélo » (IKV) obligatoirement délivrée par les employeurs à leurs salariés se rendant au travail à bicyclette. L'idée, généreuse, instaurerait une forme d'égalité entre les usagers de la voiture, des transports en commun et du vélo, qui bénéficieraient tous d'un remboursement partiel des frais de transport.

Mais l'IKV obligatoire se heurte à au moins trois objections. Jusqu'à présent, son principe n'a jamais été discuté avec les organisations patronales, promptes à se cabrer face à la moindre charge supplémentaire. Le Medef plaide par ailleurs régulièrement pour la diminution du « versement transport », cet impôt destiné à financer les réseaux de transport public.

Le principe de l'IKV pour les salariés se heurte en outre à la réalité du monde du travail. La mesure ne s'appliquerait qu'aux salariés à temps complet du même employeur. Les autoentrepreneurs, travailleurs indépendants, salariés de plusieurs employeurs et autres free-lance, de plus en plus nombreux, seraient exclus de ce système. L'IKV a certes, selon une étude de l'Agence de l'environnement et de la maîtrise de l'énergie (Ademe), publiée en février 2017, suscité une hausse de la pratique du vélo dans les entreprises qui l'ont mise en place. Mais ces entreprises étaient volontaires :

rien n'indique qu'on observerait le même effet chez tous les employeurs. Dans de nombreuses entreprises, petites ou grandes, le vélo est encore perçu comme un objet subversif, dangereux ou ridicule. Dans ces conditions, une IKV obligatoire ne serait que d'un faible recours face au manque de stationnement sécurisé, aux voies d'accès très routières ou aux ricanements des collègues.

D'autant que le financement du plan d'Élisabeth Borne demeure incertain. « Il est plus compliqué d'obtenir 100 millions d'euros pour le vélo que 10 milliards pour une ligne à grande vitesse », explique-t-on à l'envi dans les couloirs de son ministère. Le PCF qui, comme d'autres partis, contribue à la réflexion, propose une idée originale en rappelant qu'il n'y a « pas de mobilité durable sans nouvelles ressources ». Les députés communistes souhaitent financer les transports publics et le vélo à l'aide de taxes ciblées, en particulier une « taxe nationale sur les parkings d'hypermarchés ».

Les transports utiles seraient ainsi indirectement financés par la grande distribution dont l'expansion infinie abîme le commerce, le dynamisme, le patrimoine et la vie des habitants des villes moyennes. Une taxe de ce type existe déjà en Île-de-France, où elle a été adoptée à l'unanimité, droite et gauche confondue, par le Syndicat des transports, il y a quelques années. À l'échelle nationale, elle pourrait rapporter, selon le PCF, jusqu'à 2 milliards d'euros par an.

À terme, la conversion au guidon conduit à repenser l'usage de la voirie, comme cela avait été le cas avec les lignes de tramway, ainsi que le fonctionnement des transports publics. La SNCF est sans cesse apostrophée par les mouvements provélo en raison du manque de place dans les trains, mais l'enjeu réside bien plus dans la construction de parkings à bicyclettes près des gares. Aux Pays-Bas ou en Allemagne, les pendulaires possèdent non pas un mais deux vélos : un dans chaque gare.

Depuis janvier 2018, la réforme du stationnement, décentralisation et dépénalisation demandée depuis de nombreuses années par les grandes villes, pose la question de la répartition de l'espace en ville. Des municipalités saisissent enfin cette occasion pour encourager leurs administrés à user du vélo plutôt qu'à occuper chèrement une place de stationnement. Une opportunité unique, à condition de faire preuve de pédagogie.

Annexe à la nouvelle édition

STRASBOURG, GRENOBLE, BORDEAUX ET LES AUTRES

La ville la plus « cyclable » de France, Strasbourg, culmine à 16 % d'actifs utilisant le vélo. C'est encore loin de Copenhague ou Amsterdam, mais l'examen attentif des aménagements et solutions mis en œuvre dans de nombreuses villes françaises atteste d'une prise de conscience des élus : le vélo devient un élément structurant de la mobilité urbaine, voire périurbaine.

Quelles villes peuvent prétendre au titre de « capitales du vélo » ? L'enjeu, pour les municipalités, n'est plus négligeable. Il s'agit d'apparaître comme une ville modèle, agréable, voire *smart*. De justifier ses propres efforts auprès de services parfois réticents. Et de donner du grain à moudre aux coriaces associations provélo locales. Lorsqu'en janvier 2017, l'Insee a révélé les chiffres du recensement de 2015, Strasbourg a eu chaud. Ces données montraient que 15,2 % des Grenoblois se rendent au travail sur une bicyclette, contre 16 % des Strasbourgeois. À quelques décimales près, la ville alsacienne perdait son statut de numéro 1, s'est-on inquiété dans les couloirs de l'Eurométropole.

Pour mieux se connaître, les municipalités se raccrochent aux traditionnelles « enquêtes ménages déplacement » du Centre d'études et d'expertise sur les risques, l'environnement, la mobilité et l'aménagement (Cerema), fondées sur des questionnaires poussés « en face à face ». Les données obtenues permettent notamment une comparaison européenne des « parts modales », recensée par la Plateforme sur le management de la mobilité (Epomm). Mais ces outils peuvent coûter plusieurs centaines de milliers d'euros, leurs résultats ne sont pas forcément exploitables et il n'est pas possible de les renouveler souvent.

Depuis quelques années fleurissent divers palmarès des « villes cyclables » qui intègrent plusieurs critères, de la qualité des aménagements à l'engagement des pouvoirs publics en passant par l'accidentologie. Ces classements, comme celui produit par l'agence immobilière en ligne Se loger, ne sont pas toujours fiables. Le plus contestable, pourtant présenté comme une référence par les élus concernés, est sans doute le « top 20 » à prétention planétaire du consultant danois Copenhagenize (voir page 32). Le recensement de l'Insee présente en revanche un grand intérêt. Dans le questionnaire remis aux enquêtés figure une question sur le principal mode de déplacement qu'ils utilisent pour se rendre au travail. Depuis 2015, l'Insee a consenti à proposer une réponse « vélo », distincte du « deux-roues » qui englobait aussi les motos et les scooters. L'observation des seuls trajets domicile-travail est certes insuffisante, mais elle structure l'ensemble des déplacements.

Surtout, le recensement de l'Insee, qui sonde chaque année 8 % des foyers dans chaque ville, fournit des données fiables et comparables. Parmi les 40 communes de plus de 100 000 habitants pour lesquelles les chiffres ont été publiés, trois villes se distinguent et sont nettement au-dessus du lot : Strasbourg, avec 16 % des actifs utilisant le vélo, Grenoble (15,2 %) et Bordeaux (11,8 %). Les résultats similaires du recensement de 2016 n'avaient pas été publiés en janvier 2018.

Pour en savoir plus, les municipalités sont de plus en plus nombreuses à installer des compteurs, boucles fixées dans le sol ou totems posés le long des grands axes. La société Eco-counter, qui siège à Lannion (Côtes-d'Armor), a disposé huit totems dans des villes de France (166 dans le monde), dont les données sont consultables en temps réel. À Rouen, Nantes, Mulhouse ou Lyon, ces statistiques montrent une augmentation de la fréquentation, au-delà des pics saisonniers. À ce matériau s'ajoutent les données du « Baromètre des villes cyclables » de la FUB, dont les résultats complets seront dévoilés à la mi-mars 2018.

On ne prétendra pas établir ici un énième palmarès des villes *bike-friendly*. En revanche, on peut lister plusieurs initiatives qui pourraient être reproduites ailleurs. Le chiffre qui accompagne le nom de la ville est celui de la part modale selon l'Insee.

Strasbourg 16 %[170]

Le vélo est une affaire sérieuse à Strasbourg, au point d'occuper pleinement un adjoint au maire ainsi que quatre chargés de mission à temps plein, sans compter les équipes techniques. Au-delà de l'administration du Velhop et de l'extension du réseau en périphérie, la municipalité doit gérer un héritage encombrant des municipalités précédentes, gauche et droite confondues : les pistes cyclables matérialisées sur les trottoirs. Ces aménagements conjugués à une hausse de la fréquentation provoquent de fréquents conflits d'usage entre cyclistes et piétons. L'adjoint Jean-Baptiste Gernet (PS) veut inciter les cyclistes à éviter le cœur de ville aux heures

[170] Ce pourcentage correspond, pour chaque ville, à la proportion de personnes utilisant principalement le vélo pour se rendre au travail, selon l'Insee.

de forte affluence. Pour cela, il les encourage à stationner leurs montures à proximité des rues piétonnes, ou à contourner cette zone par des itinéraires adaptés. Pour « remettre les vélos sur la chaussée », la ville teste en outre des « vélorues », d'inspiration néerlandaise, où les cyclistes sont prioritaires sur les véhicules motorisés.

Strasbourg mise moins sur un discours rationnel et culpabilisant à base de CO_2 ou de pollution que sur le plaisir. Un soir de juin 2016 s'y est déroulée, sous une pluie battante, une parade de nuit colorée et en musique, similaire au Tour de la nuit de Montréal. Quant au challenge « Au boulot à vélo » organisé par la métropole, il récompense les entreprises dont les employés se sont montrés le plus assidu sur leur selle.

Enfin, Strasbourg est l'une des rares villes à prendre à bras-le-corps la délicate question des livraisons en zone piétonne qui, avec le développement de l'e-commerce, ne se limitent plus aux boutiques mais concernent aussi les particuliers. Parmi les solutions envisagées, la ville encourage le recours aux vélo-cargos.

Grenoble 15,2 %

À Grenoble, le vélo est l'un des attributs du projet de société promu par la majorité municipale à dominante écologiste. Le maire Éric Piolle (EELV), qui se déplace dans toute l'agglomération sur son vélo à assistance électrique, porte une attention particulière aux détails qui facilitent l'usage de la bicyclette : « autoroutes à vélo » confortables, stationnement en masse à la gare comme à proximité des principaux pôles, pose des arceaux sur la chaussée et non plus sur le trottoir, goulottes le long des escaliers ou encore possibilité donnée aux cyclistes d'emprunter les voies du tramway. Cette pratique, répandue dans les villes du nord de l'Europe, n'est selon le Cerema ni accidentogène, ni susceptible de ralentir les transports publics.

Au-delà du vélo, la métropole grenobloise généralise la limitation de la vitesse à 30 km/h, piétonnise une partie du centre-ville, modifie la synchronisation des feux rouges, s'attaque à l'« autosolisme », transforme des arrêts de bus en « lieux de multimodalité », où il est possible d'accéder à d'autres moyens de transport. Un programme qui ressemble beaucoup aux préconisations que l'on entend depuis des années dans les colloques consacrés aux déplacements.

Bordeaux 11,8 %

Sans attirer démesurément l'attention, Bordeaux poursuit sa transition sous la houlette d'un maire revenu de ses ambitions nationales. L'interdiction, depuis l'été 2017, de la circulation motorisée sur le pont de Pierre fait de ce principal point de franchissement de la Garonne un axe cyclable majeur, tout en remettant en cause un urbanisme hérité des années Chaban.

Mais l'enjeu est aussi ailleurs. Le plan vélo, porté par l'élue socialiste Brigitte Terraza dans le cadre de la « cogestion » à la bordelaise, s'attaque désormais aux communes de la périphérie, marquées par une congestion légendaire. Tous les attributs d'une politique cyclable sont convoqués : réseau express, déploiement du VCub, supports de communication, « grande fête annuelle » ou encore cinq « maisons des mobilités alternatives » disposées dans l'agglomération.

Par ailleurs, la cohabitation d'une culture vélo et d'un environnement technologique a favorisé à Bordeaux l'émergence de start-up. La société Qucit, qui s'est spécialisée dans la prédiction des comportements urbains, s'est développée en calculant la probabilité de trouver un VCub à une station selon l'heure de la journée.

Rennes 7,3%

La municipalité rose-verte de Rennes, où le trafic à vélo progresse de 13% par an, s'est engagée dans un plan à l'échelle de son territoire. « D'ici 2022, la place de Bretagne sera à 15 minutes des quatre coins de Rennes », assure la maire Nathalie Appéré. Depuis la fin 2016, on trouve en ville des stations de réparation en libre-service, dotées de bras de maintenance, tournevis ou démonte-pneu, utilisables à volonté. Miracle, ces bornes n'ont pas subi de dégradation majeure, comme on aurait pu le craindre.

Toulouse 7%

Sur les bords de la Garonne, le mandat Moudenc avait mal commencé. Dans *La Dépêche du Midi*, Jean-Michel Lattes, adjoint (LR) aux déplacements à Toulouse, ne manquait jamais une occasion de déclarer qu'« on n'est plus dans la sacralisation du vélo » ou que « le tout-piéton ou le tout-vélo posent des problèmes aussi forts que le tout-voiture d'autrefois ». Et pourtant, *piano piano*, la capitale occitane poursuit sa conversion aux modes actifs. Un plan a été voté, des rues sont apaisées, des zones de rencontre créées. En février 2018, la métropole s'est engagée pour une augmentation du budget consacré aux futures « autoroutes à vélo ». L'application Velobs, créée à l'initiative de l'association Deux pieds deux roues, permet aux cyclistes de signaler aux services de la métropole les aménagements mal conçus, le stationnement gênant ou un défaut d'entretien.

Nantes 6,2%

Depuis le succès du congrès mondial Velocity, en 2015, Nantes s'est hissée dans la liste des élèves attentifs. Tâchant de poursuivre sur sa lancée et aiguillonnée par l'association Place au vélo, elle tente de se poser en cité innovante. Depuis juillet 2017, un radar pédagogique d'un nouveau genre a été installé à un carrefour urbain : il repère les véhicules motorisés présents dans le « sas cyclable », cet espace sécurisé entre le feu et le carrefour, et signale l'infraction aux conducteurs. La ville est aussi devenue la capitale des « boîtes à vélo », qui rassemble les artisans qui travaillent à bicyclette. Ce collectif, constitué dès 2013, dialogue avec les élus et essaime en dehors de la métropole.

Montpellier 6,2 %

À Montpellier, malgré une évidente propension des habitants, et notamment des étudiants, à utiliser le vélo, la métropole peine encore à considérer celui-ci comme un mode de déplacement d'avenir. D'après l'association Vélocité, on n'y trouve à peine plus de double-sens cyclables qu'à Béziers.

Lyon 5,9 %

Après des années de réticences, Lyon s'est enfin convertie aux double-sens cyclables. On en comptera dans la métropole longtemps dirigée par Gérard Collomb 180 km d'ici 2020, contre seulement 90 km en 2017. Mais ce n'est qu'un rattrapage. La ville de la confluence s'est en revanche engagée dans la résorption des « coupures urbaines » en installant des tunnels ou passerelles dédiés aux « modes actifs » (marche et vélo), en particulier le tunnel sous la Croix-Rousse, qui demeure toutefois mal éclairé et fermé la nuit. La ville montre une certaine avance en matière d'ouverture des données publiques aux usagers.

Lille 5 %

À rebours de la tendance nationale, Lille a orienté ses aides – 25 % du prix d'achat jusqu'à 150 euros – vers l'ensemble des bicyclettes, et non seulement celles qui sont dotées d'une assistance. Après un « plan de [restriction de la] circulation » très contesté, la Métropole européenne de Lille (MEL) ne semble toutefois plus décidée à entreprendre, d'ici la fin du mandat municipal, d'action pouvant donner l'impression d'avantager des usagers non motorisés. L'association Droit au vélo fait le reste, en publiant par exemple une carte recensant les axes les plus pratiques, d'après les observations cyclistes eux-mêmes.

Paris 4,2 %

Autoproclamée un peu vite « capitale du vélo », Paris poursuit, sous les projecteurs des médias nationaux, la matérialisation du plan voté en 2015. Une fois réalisé, ce réseau soulèvera des enjeux jusqu'ici négligés, comme la continuité des itinéraires et la verbalisation des usages abusifs. Pour y parvenir, la maire dispose depuis janvier 2018 des pouvoirs liés à la circulation et de 1150 agents de surveillance de Paris (ASP), arrachés au préfet de police sous la mandature Hollande. Paris ne manque pas de faire valoir qu'elle continue de subventionner, pour un tiers du prix et un maximum de 400 euros, l'achat d'un vélo à assistance électrique. Dans les couloirs de l'hôtel de ville, on est parfaitement conscient que la prime bénéficie aussi à des acheteurs qui ne sont domiciliés à Paris que pour la circonstance.

Rouen 2,8 %

Après des années de tergiversations, Rouen ambitionne un véritable plan, qui s'inspire davantage des petits pas à la bruxelloise que des aménagements grandioses à la parisienne. L'atmosphère était empoisonnée, ces dernières années, non seulement par la pollution, mais aussi par la fronde de la compagnie de transports publics, hostile par principe à la circulation des vélos sur les voies réservées du

Teor, le bus à haut niveau de service qui traverse le centre. L'association provélo Sabine a fini par trouver, en juillet, un accord avec les conducteurs de bus, afin de proposer aux pouvoirs publics un nouvel aménagement.

Nice 2,3 %

L'horizon niçois ne se limite pas à la piste dessinée sur la Promenade. Le Vélo bleu, malgré sa vétusté, séduit des travailleurs saisonniers et des étudiants, tandis que les jeunes cadres préfèrent le VAE dernier cri pour monter les routes qui mènent aux start-ups de Sophia-Antipolis.

Au chapitre des bonnes idées, on peut même citer Marseille (1,5 %), où la durée du trajet est indiquée sur le flanc du VLS local, Le Vélo. En cinq minutes, du Vieux Port, vous serez au Mucem, soit trois fois moins qu'en voiture, stationnement illégal compris.

Parmi les villes moyennes, rares sont les municipalités sans aucun aménagement, ni aucune position publique sur le sujet.

Lors des débats microcosmiques sur la piste cyclable de la rue de Rivoli, à Paris, l'association Place au vélo Angers a rappelé opportunément l'existence dans la préfecture du Maine-et-Loire, sur le pont de la Haute-Chaîne, d'une bande cyclable qui sert également de voie d'accès pour les véhicules de secours se dirigeant vers le CHU. Un exemple qui montre de manière éclatante que le vélo permet de désengorger la circulation.

À **Poitiers**, pourtant construite sur des collines, la bicyclette devient tendance. Pour soulager Cap sur le vélo, dispositif de location de vélos à assistance électrique (VAE), le Grand Poitiers distribue des chèques de 250 euros permettant l'achat d'un cycle, assorti d'une maintenance régulière. Un système équivalent existe à Mulhouse.

C'est à **Dunkerque** que l'on peut admirer le dernier-né des dispositifs en libre-service de France, le DK vélo, qui demeurera toutefois payant lorsque les transports en commun seront gratuits, en septembre 2018. La ville a fait installer, dans le centre, des panneaux indiquant les temps de trajet à pied et à vélo.

Plus de quarante ans après les « vélos jaunes » de Michel Crépeau, ancêtres des VLS à la française, **La Rochelle** continue de miser sur le vélo. Le Vieux port a été réservé aux piétons et aux cyclistes, un budget conséquent permet d'aménager des axes en périphérie, et la ville, située le long de deux axes très fréquentés, la Vélodyssée et la Vélo Francette, devient une destination pour les cyclotouristes.

Grâce à la dynamique association Mon Cher Vélo, les élus de **Bourges** ne peuvent plus ignorer la demande.

Pour terminer ce tour de France nécessairement non exhaustif, il reste à saluer les valeureux cyclistes se déplaçant **à Limoges, Saint-Étienne, Argenteuil ou Saint-Denis**, où la part modale ne dépasse pas, selon l'Insee, 1 % des déplacements.

Bibliographie

Ouvrages

Marc Augé, *Éloge de la bicyclette*, éditions Payot & Rivages, 2008.

Louis Baudry de Saunier, *Le cyclisme théorique et pratique*, éditions La Librairie Illustrée, 1892.

Aurélien Chaméon, *Le tour des départements de France à vélo*, éditions Ouest-France, 2016.

Eve Charrin, *La course ou la ville*, Le Seuil, 2014.

Collectif Vélos en Ville, *Tranquille. Le guide du vélo à Marseille*, 2008.

Collectif 6T, *Les usages de la mobilité, pour une ingénierie des modes de vie*, éditions Loco, 2013.

Grégory Delattre, *Cargologie*, I bike Strasbourg, 2015.

Julien Demade, *Les embarras de Paris, ou l'illusion techniciste de la politique parisienne des déplacements*, éditions L'Harmattan, 2015.

Frédéric Denhez, *La fin du tout-voiture*, éditions Actes Sud, 2013.

Les Désobéissants et Xavier Renou, *Désobéir à la voiture. L'automobile en crise !*, éditions du Passager clandestin, 2012.

Fédération européenne des cyclistes, *Lexique européen du vélo*, Comité économique et social européen, 2010.

Alberto Fiorillo, *No bici*, éditions Ediciclo, 2013.

Éric Fottorino, *Petit éloge de la bicyclette*, éditions Gallimard, 2012.

Marc Fressoz, *F.G.V., Faillite à grande vitesse. Trente ans de TGV*, éditions du Cherche-Midi, 2011.

Hélène Giraud, *Le goût du vélo*, Mercure de France, 2012.

Chris Haddon, *Vive le vélo !*, éditions Hoëbeke, 2013.

Frédéric Héran, *La ville morcelée. Effets de coupure en milieu urbain*, éditions Economica, 2011.

Frédéric Héran, *Le retour de la bicyclette*, La Découverte, 2014

Jean-Marc Jancovici, *Changer le monde. Tout un programme !*, éditions Calmann-Lévy, 2011.

Corentin Le Martelot, *Moins d'auto pour aller au boulot*, Collection « Je passe à l'acte », éditions Actes Sud/Kaizen, 2017.

Jeff Mapes, *Pedaling Revolution. How Cyclists are Changing American Cities*, Presses universitaires de l'Oregon, 2009.

Claude Marthaler, *L'insoutenable légèreté de la bicyclette*, éditions Olizane, 2012.

Jean-Claude Martinez, Marie-Bernard Amirault-Deiss, *La Loire à vélo*, éditions Suerte, 2013.

Jean-Claude Martinez, *Les cycles de l'amour. Détours en France*, éditions Suerte, 2009.

Donella Meadows, Dennis Meadows, Jorgen Randers, *Les limites à la croissance (dans un monde fini)*, Rue de l'échiquier, 2012.

Véronique Michaud, *À vélo, vite !*, éditions Fyp, 2014.

Nicolas Pressicaud, *Du vélo dans la mobilité durable. Chroniques cyclo-logiques*, éditions L'Harmattan, 2013.

Nicolas Pressicaud, *Le vélo à la reconquête des villes. Bréviaire de la vélorution tranquille (etc.)*, éditions L'Harmattan, 2009.

Floriane Ricard et FibreTigre, *Renard à vélo*, Rue de l'échiquier, 2016.

Floriane Ricard et FibreTigre, *Renard sauve son vélo*, Rue de l'échiquier, 2017.

Sempé, *Raoul Taburin*, éditions Denoël, 1995.

Didier Tronchet, *Petit traité de vélosophie.*
Le monde vu de ma selle, éditions Plon, 2000.

Laure Watrin, Thomas Legrand, *La République bobo*, éditions Stock, 2014.

Spencer Wilson et Joel Rickett, *The Modern Mamil (Middle Aged Man In Lycra)*, éditions Kinkajou, 2016.

Revues et magazines

L'ensemble des magazines *Ville & Vélo*, publiés par le Club des villes et territoires cyclables.

Catherine Bertho Lavenir (coord.), *La bicyclette*, Les Cahiers de médiologie, éditions Gallimard, 1998.

Vélocité, le bimestriel de la FUB.

Documentaires

Frederik Gerten, *Bikes vs cars*, 2015.

Laurent Védrine, *La reine bicyclette. Histoire des Français à vélo*, Talweg production, mai 2013.

Blogs

Un site militant contre l'addiction à la voiture individuelle : carfree.fr

Le blog d'Isabelle Lesens, un précieux outil pour tout ce qui concerne le vélo : www.isabelleetlevelo.fr

Les différents sites Cycle chic : www.copenhagencyclechic.com, amsterdamcyclechic.com, www.strasbourgcyclechic.com

Le blog de l'auteur, consacré à l'ensemble des transports, du TGV au RER, de la trottinette au téléphérique : « L'interconnexion n'est plus assurée. Chronique impatiente de la mobilité quotidienne », www.transports.blog.lemonde.fr

Remerciements

À mes premiers lecteurs : Alain Chauveau, Eric Hamelin, Sébastien Torro-Tokodi, Marie-Xavière Wauquiez, et une mention spéciale pour Olivier Schneider, qui a commis plusieurs relectures rigoureuses, suggéré de notables améliorations et, accessoirement, installé des leds multicolores sur mon vieux Starnord

À Pierre Grammont, qui a écouté, argumenté, relu sans concession aucune, le stylo prêt à bondir, supporté, soutenu, de nouveau écouté, etc.

À Thomas Bout, mon éditeur, passé par toutes les couleurs de l'arc-en-ciel au cours des phases de rédaction, de correction et de préparation et qui, je l'espère, rosit aujourd'hui de plaisir

À Ingrid Saillard, de Rue de l'échiquier, toujours aussi efficace et enthousiaste

À Nina Blanchot, relectrice professionnelle, et à toute l'équipe de l'éditeur, désormais installée dans une librairie du bas-Belleville, au 12, rue du Moulin-Joly, dans le 11e arrondissement de Paris ; faites-y un tour, c'est plus sympa que d'acheter un bouquin sur un moteur de recherche connecté aux mornes entrepôts d'une zone industrielle desservie par la seule automobile

À Mathieu Marquer, ancien membre du comité des usagers de Vélib', qui a accepté de relire le passage consacré aux vélos en libre-service

À Amine Skalli et Denis Lambert, qui ont amendé la partie concernant l'économie du cycle

À Frédéric Héran (*Le retour de la bicyclette*) et Véronique Michaud (*À vélo, vite !*), les auteurs de deux ouvrages sur le vélo, avec qui nous poursuivrons nos conversations intenses et passionnées

Aux autres membres du comité de pilotage de Velocity Nantes 2015 et à leurs travaux fructueux

Aux spécialistes rencontrés dans divers pays d'Europe : Ekkehard Allinger-Csollich à Innsbruck, Evgeny Apostolov à Sofia, Marianne Bakker et Pieter Mosterd à Utrecht, Tilman Bracher à Berlin, Nathalie Carpentier à Bruxelles, Bettina Ravanelli et Eugen Messina à Bolzano, Marcin Hyła à Cracovie, Niels Tørsløv à Copenhague, Renaat Van Hoof à Anvers, Gudrun Zühlke à Stuttgart

Aux twittos et lecteurs qui enrichissent mon blog de leurs nombreux commentaires : Concorde, djakk, Henri Chamussy, doktoil makresh, Izotop, Merle Teigneux, MLBRLyon, Slasherfun, Tom4, tristram, Untel, VeloDesign, Vincent, etc.
Aux pistes rouges d'Angers, aux arceaux de Bolzano, aux pavés lisses du Brandebourg, aux véloroutes de Gironde, aux parkings de Strasbourg et au remonte-vélo de Trondheim

Pour cette présente édition, je tiens à remercier, pour leur soutien de tous les jours, Léa Thévenot, des éditions Rue de l'échiquier, et Maxime Massole. Merci également à Gilles Dansart, fondateur de *Mobilettre*, pour avoir accepté la publication dans cet ouvrage des enquêtes rédigées à l'automne 2017 pour sa lettre d'information.

Merci à tous ceux qui, depuis la première sortie du livre, en mars 2014, ont contribué à la poursuite de la réflexion sur les déplacements à vélo : Fabien Bagnon, Sylvie Banoun, Jacques Baudrier, Benoît Beroud, Sébastien Bosvieux, CinquanteEuros, Emmanuel Colin de Verdière, Christelle Cubaud, Stéphanie Cubaud, Agathe Daudibon, Anne Gérard, Jean-Baptiste Gernet, Catherine Goniot, Guillaume Grima, Abel Guggenheim, Samy Guyet, Philipp Hertzog, Laurence Hugues, Benoît Kieffer, Kiki Lambert, Suzanne Lareau, Adrien Lelièvre, Charles Maguin, Sébastien Marrec, Carolina Martinez Tabares, Jean-Claude Martinez, Yann Mongaburu, Franck Mussio, Yannick Paillard, Brice Perrin, Cyril Pimentel, Éric Piolle, Thierry Roch, Audrey Roussel, Camille Thomé, Annie-Claude Thiolat, Pierre Toulouse, et tous les autres !

Table

DÉJÀ PARUS DANS LA COLLECTION L'ECOPOCHE

Biomimétisme. Quand la nature inspire des innovations durables, de Janine M. Benyus. Traduction : Céline Sefraoui

Le Pouvoir de la pédale. Comment le vélo transforme nos sociétés cabossées, d'Olivier Razemon

Les Limites à la croissance (dans un monde fini). Le Rapport Meadows, 30 ans après, de Donella Meadows, Dennis Meadows et Jorgen Randers. Traduction : Agnès El Kaïm

Permaculture. Principes et pistes d'action pour un mode de vie soutenable, de David Holmgren, cofondateur du concept de permaculture. Traduction : Agnès El Kaïm

Les entrepreneurs qui changent le monde. De Destination Changemakers à Ticket for Change, de Matthieu Dardaillon et Jonas Guyot

Des racines et des gènes. Une histoire mondiale de l'agriculture, volumes 1 et 2, de Denis Lefèvre

Conception graphique : Dune Lunel
Mise en pages : Dominique Guillaumin
Édition : Thomas Bout

Le papier de cet ouvrage – Holmen Book Extra 65 g – est composé de fibres naturelles renouvelables, recyclables et fabriquées à partir de bois provenant de forêts gérées durablement.
N° d'impression : 2072080
Imprimé en France par CPI en juin 2023